COACHING & PSICOLOGIA

coordenação:
Andréia Roma, Arline Davis, Bernd Isert e João Alexandre Borba

COACHING & PSICOLOGIA

Profissionais das áreas de PSICOLOGIA, GESTÃO e COACHING abordam novas técnicas e estratégias para equilibrar e alavancar ainda mais sua carreira no mercado de trabalho

1ª edição

São Paulo, 2014

Copyright© 2014 by Editora Leader
Todos os direitos da primeira edição são reservados à **Editora Leader**

Diretora de projeto
Andréia Roma

Projeto gráfico e diagramação
Roberta Regato

Revisão
Ligia Feitosa e Nina Regato

Gerente comercial
Liliana Araujo Evangelista

Impressão
Prol Editora Gráfica

Dados Internacionais de Catalogação na Publicação (CIP)
(Câmara Brasileira do Livro, SP, BRASIL)

Coaching & psicologia : profissionais das áreas
   de psicologia, gestão e coaching abordam novas
técnicas e estratégias para equilibrar e alavancar
ainda mais sua carreira no mercado de trabalho /
coordenação Andréia Roma...[et al.] . --
São Paulo : Editora Leader, 2014.

   Outros coordenadores: Arline Davis, Bernd Isert
e João Alexandre Borba.
   Bibliografia
   ISBN 978-85-66248-12-8

   1. Carreira profissional - Administração 2. Conduta de vida
3. Empresas - Tomada de decisões 4. Executive coaching
5. Executivos - Treinamento 6. Liderança 7. Mudança (Psicologia)
8. Sucesso
   I. Roma, Andréia. II. Davis, Arline. III. Isert, Bernd. IV. Borba, João Alexandre.

14-02178   CDD-658.407124

Índices para catálogo sistemático:
1. Executive coaching : Treinamento de executivos :
   Administração de empresas
   658.407124

EDITORA LEADER
Rua Nuto Santana, 65, sala 3, 2º andar
Cep: 02970-000, Jardim São José, São Paulo - SP
(11) 4113-9464 / andreiaroma@editoraleader.com.br

AGRADECIMENTO

Descubro a cada projeto que realizo que o comportamento mais recompensador que existe é fazer sem esperar nada em troca, simplesmente compartilhar.

Dedico este livro a todos os profissionais que respeitam e levam a sério os resultados e objetivos obtidos com a ferramenta Coaching em suas áreas de atuações.

Desejo também, neste espaço, agradecer a todos os profissionais que amavelmente compartilham comigo o seu tempo e sabedoria, registrando neste livro algo que ficará marcado para as gerações.

Obrigada a Dulce Magalhães por aceitar o meu carinhoso convite para prefaciar esta obra.

Aos coordenadores Arline Davis, Bernd Isert e João Alexandre Borba pelo apoio e parceria.

A todos os psicólogos, educadores, gestores e Coaches convidados que compartilharam suas experiências, seus exemplos e suas práticas.

Agradeço a você, leitor, que escolheu dar início a essa jornada de autoconhecimento, aprendizado e mudança, priorizando assim a sua capacidade de investir no seu crescimento e desenvolvimento pessoal e profissional.

Um livro, com certeza, muda tudo!

Andréia Roma
Fundadora e Diretora de Projetos da Editora Leader

ÍNDICE

Prefácio por Dulce Magalhães..8

Introdução por Ligia Feitosa 10

Participação exclusiva - Ph. D. Stephen Paul Adler
Fazendo Coaching com um cliente traumatizado 13

Participação exclusiva - Ph. D. L. Michael Hall
Diferenciando as psicologias da Psicoterapia e do Coaching...............................25

Capítulo 1 - Adimari Carvalho
Os nutrientes estão todos dentro de você 35

Capítulo 2 - Arline Davis
Confiança X Competência..43

Capítulo 3 - Bernd Isert
As fontes de energia e dos recursos...55

Capítulo 4 - Caroline Galetti dos Santos
Coaching e Psicologia – juntos para um resultado melhor 81

Capítulo 5 - Claudemir Oliveira
Psicologia positiva e o futuro do Coaching..89

Capítulo 6 - Cláudia Miranda Gonçalves
Coaching para casais: três na sala 99

Capítulo 7 - Conceição Valadares
Biocoaching – transformação sob medida 107

Capítulo 8 - Debora Scalissi
Da Psicologia ao Coaching.. 115

Capítulo 9 - Dulce Gabiate
A contribuição das perguntas poderosas
de Coaching para a Psicologia Clínica 123

Capítulo 10 - João Alexandre Borba
Escolhas doentes e processos de Coaching 131

Capítulo 11 - Luana Zanelli
As semelhanças entre Psicologia e Coaching 139

Capítulo 12- Moacir Borges da Silva
Coaching e seus estados do ego 151

Capítulo 13 - Sueli Cassis
A consciência do ser e o pensamento sistêmico............................. 161

Capítulo 14 - Tânia Regina Pereira de Souza Sanches
A Psicologia dos hábitos, vícios e o processo de Coaching 169

Capítulo 15 - Terêza Torres
A Geração Y e o mercado de trabalho: contribuições do
Coaching e da Psicologia Organizacional e do Trabalho 179

Capítulo 16 - Vânia Barros de Melo
A relação interpessoal como facilitadora no processo evolutivo humano 185

PREFÁCIO

Dulce Magalhães
Ph.D. em Filosofia, educadora, escritora e Coach
www.dulcemagalhaes.com.br

O que mudou?

Onde começa a mudança?

Será que a mudança tem começo?

A Filosofia vai dizer que não. Heráclito, há 2.600 anos, nos ensina que a única constante é a mudança, sendo assim, não tem começo nem fim. Entramos na existência bem no meio da mudança - e já vamos provocar várias com a nossa chegada - e vamos sair com a mudança em pleno andamento. A mudança não muda, ela é a forma chave da vida. E para vivermos no desequilíbrio constante desse trilhar em transformação, algumas vezes precisamos nos apoiar uns nos outros.

É por isso que desde que o ser humano passou a ter alguma autoconsciência surgiu também o processo de mentoria, tutoria e aconselhamento. Meninas e meninos foram treinados pelos mais velhos, primeiro nas artes da sobrevivência e depois, com o surgimento das civilizações, nos processos da cultura. Ao longo do tempo, esses métodos foram se aperfeiçoando e o apoio mútuo transformou-se em metodologias do cuidado, como a medicina e a psicologia, por exemplo, e do ensino, seja pela relação mestre-discípulo ou professor-aluno.

É no desenrolar desse processo que vai surgir a especialidade de Coaching para contribuir com o refinamento das oportunidades e potencialidades do indivíduo. Este é o tema em voga, a grande onda da vez, mas não é nada novo, é o antigo anseio humano da ajuda mútua que adquiriu o requinte de uma metodologia eficaz a partir dos avanços das ciências do comportamento. E este livro é o desvelar metodológico e a exposição a um mundo de novas ideias e possibilidades. É um convite para a incrível aventura de expandir a si mesmo, transcendendo as fronteiras estreitas das crenças limitantes.

Que sua jornada por este livro possa ser prazerosa, enriquecedora e libertadora. O potencial está nas suas mãos, mas é a prática dos conhecimentos aqui expostos que fará toda a diferença. Te desejo uma boa e bela viagem a cada página.

INTRODUÇÃO

LIGIA FEITOSA
Coach, educadora e escritora
www.ligiafeitosacoaching.com

Desde o aforismo socrático "Conhece-te a ti mesmo", de tempos em tempos algo novo e revolucionário surge para estimular as pessoas a buscar o autoconhecimento.

Quando Platão mostrou como seria ver o mundo com os próprios olhos, ao invés de sombras projetadas no fundo de uma caverna, parece que ele já convidava o homem da antiguidade a sair de sua zona de conforto e construir seus próprios conceitos acerca da realidade.

Com o passar dos séculos, outros pensadores e estudiosos propuseram diferentes teorias e formas de entender o mundo interior ou a subjetividade do ser humano. A Psicologia nasce exatamente da necessidade de ter uma ciência especializada na investigação e compreensão dos comportamentos e processos mentais do homem. Desde então, são várias as abordagens e técnicas colocadas à nossa disposição, de modo a amenizar ou quem sabe até curar as dores da alma.

Da observação e, principalmente, com a prática, notou-se que há pessoas que precisam de desafios constantes para superar seus limites e atingir resultados cada vez melhores. É o caso dos atletas de alta performance, que a todo momento desafiam a capacidade do corpo para bater recordes e conquistar títulos. Dessa constatação nasce o Coaching, com a proposta de alavancar o potencial humano para vencer obstáculos e concretizar metas.

E o que dizer do encontro destas duas áreas do conhecimento? Para muitos, trata-se mais de um confronto do que propriamente um encontro. Durante a formação em Coaching, percebe-se a preocupação em estabelecer as linhas divisórias. Após a formação, os Coaches investem tempo e energia conceituando Coaching e diferenciando-o não só da Psicologia, mas também da mentoria, do treinamento e do aconselhamento.

No entanto, são poucos aqueles que arriscam unir Coaching e Psicologia, e destacar a relação de complementaridade que existe entre as duas áreas. Esta obra foi concebida e organizada exatamente com o objetivo de preencher esta lacuna. O quadro de coautores é composto de profissionais que atuam somente como Coaches ou psicológos e também por aqueles que circulam nas duas áreas.

Só isso já bastaria para mostrar a disposição dessas pessoas em evidenciar a importância e a necessidade de aproximar Coaching e Psicologia. No entanto, eles vão além e produzem artigos que realmente estabelecem um diálogo construtivo entre as duas áreas, mostrando as diferenças e também as semelhanças, e a possibilidade de Coaches e psicólogos se unirem em prol de um objetivo comum: o bem-estar e a felicidade do cliente.

Além disso, alguns coautores compartilham suas experiências pessoais, tanto aquelas relacionadas à construção de suas carreiras quanto aquelas voltadas aos desafios dos atendimentos. E há aqueles que se aventuram a mostrar o que podemos esperar no futuro.

Por fim, para fechar com chave de ouro, vale a pena conferir os artigos dos grandes mestres. Cada um, dentro de sua especialidade, traz uma peça do quebra-cabeça e se formos humildes o bastante para reconhecer que não sabemos tudo, entenderemos que no encontro-confronto do Coaching com a Psicologia existe espaço para todos.

Quando a sinergia é real e verdadeira, 1 + 1 pode ser 3 e, nesse momento, a arte de cocriar é uma realidade. Para isso basta manter o foco naquilo que realmente importa: ajudar o próximo a vencer seus medos, superar suas dificuldades, encontrar a cura para as dores de sua alma e, quem sabe, ao longo da jornada construir um mundo um pouco melhor.

Boa leitura!

PARTICIPAÇÃO EXCLUSIVA

COACHING & PSICOLOGIA

Fazendo Coaching com um cliente traumatizado

Ph. D. Stephen Paul Adler

Ph. D. Stephen Paul Adler

Autoridade sênior em Psicanálise, é Ph. D. em Psicologia e pós-doutor em Estresse pós-traumático. Seu trabalho, ao longo destes 50 anos dedicados aos seus pacientes e às pesquisas, e seu empenho em aprender cada vez mais lhe garantiram certificação em 19 técnicas diferentes de psicoterapia e o reconhecimento mundial como expert em Hipnose Ericksoniana e ministro da igreja Interfaith.

Durante os últimos 20 anos, Stephen mergulhou profundamente nos ensinamentos de Milton H. Erickson, dominando e aperfeiçoando a técnica de hipnose. O pleno conhecimento da filosofia ericksoniana e a vivência profissional com o trauma psicológico incentivaram-no a desenvolver a Resolução Neurobiológica de Trauma, abordagem especial para cura de traumas psicológicos diversos.

O Dr. Paul Adler lecionou nas Universidade de Nova Iorque, New School for Social Research, National Psychological Association for Psychoanalysis e no National Institute for Psychotherapies; e atuou como diretor internacional da New York Milton H. Erickson Society for Psychotherapy and Hypnosis.

Nestes mais de 50 anos de carreira, Stephen Paul Adler fundou, também, a The Global Institute for Trauma Resolution, em Nova Iorque, e a ACT Institute, com escritórios nos Estados Unidos e no Brasil, e publicou o livro Hipnose Ericksoniana – estratégias para comunicação efetiva, em 2010, pela Qualitymark editora.

Por conta de sua imensa contribuição ao campo de resolução de traumas e ao empenho na difusão da Hipnose Ericksoniana, Stephen Paul Adler é considerado, atualmente, um dos principais discípulos de Milton H. Erickson e o único consultor certificação pela American Society of Clinical Hypnosis (ASCH – Sociedade Americana de Hipnose Clínica – ASCH) no Brasil.

Contato:
(11) 3798-0384
contato@actinstitute.org
www.actinstitute.org

> *"A tragédia do trauma é que ele nos separa dos nossos recursos. Isso é válido para um indivíduo, uma comunidade ou um país."*
> (Robert Schwarz, Doutor em Psicologia)

> *"O trauma acontece quando o tempo não cura todas as feridas."*
> (Bessel van der Kolk, Médico)

◆ ◆ ◆ ◆ ◆

COACHING E TRAUMA

Ao trabalhar com coachees que tiveram poucas experiências traumáticas em suas vidas, é possível supor que eles trazem dentro de si todos os recursos de que necessitam para desenvolver e se apoderar das habilidades necessárias à mudança, bem como se beneficiar de suas sessões de Coaching.

Clientes traumatizados, no entanto, em razão dos eventos traumáticos, não são capazes de acessar seus recursos internos. Na verdade, eles têm dificuldade em identificar os recursos que possuem! Experiências de vida traumáticas geralmente interferem na capacidade do cliente desenvolver muitas das habilidades necessárias ao estabelecimento e à concretização de metas realistas e positivas.

Esses clientes, em geral, não são capazes de cumprir tarefas ou alcançar o sucesso com um programa de 10 sessões. Eles não estão resistindo. Como Coach, você vai perceber que tanto você quanto seu cliente terão muito mais chances de serem bem-sucedidos se focarem o trabalho, primeiro, na descoberta de quais recursos, antigos ou novos, seus clientes devem ter consciência e usar, e quais habilidades eles têm ou precisam desenvolver.

Tenha paciência! Clientes traumatizados precisam de tempo. Lembre-se: clientes traumatizados sentem-se desesperados, impotentes e desiludidos.

Quando você não considera os efeitos do trauma em seu programa de Coaching, você e seus coachees ficam desiludidos. Os coachees abandonam o processo prematuramente, sentindo-se fracassados. Você, como Coach, fica mais vulnerável à ideia de que seu trabalho falhou. É justamente com esse tipo de cliente que os Coaches estão mais suscetíveis a questionar a eficácia do seu trabalho. É importante reconhecer quando está trabalhando com um cliente traumatizado, de modo a modificar sua abordagem. Por essa razão, recomenda-se que você inclua à sua qualificação profissional um treinamento sobre trauma para que esteja apto a trabalhar com esse tipo de cliente de maneira eficaz.

DEFINIÇÃO DE TRAUMA

Quero reforçar a ideia de que é a experiência subjetiva do indivíduo que determina se um evento é traumático ou não.

O trauma psicológico é a experiência singular de um indivíduo acerca de um evento ou circunstâncias duradouras, em que:

1. a habilidade do indivíduo de integrar sua experiência emocional é afetada profundamente; ou
2. o indivíduo vivencia (subjetivamente) uma ameaça à vida, à integridade corporal ou à sanidade (Pearlman & Saakvitne, 1995, p. 60).

Assim, uma situação ou evento traumático cria trauma psicológico quando afeta profundamente a habilidade do indivíduo para lidar com as situações, deixando-o com medo da morte e sujeito à destruição, mutilação ou psicose. O indivíduo pode se sentir física, cognitiva e emocionalmente sobrecarregado. As circunstâncias do evento geralmente incluem abuso de poder, traição da confiança, ciladas, desamparo, dor, confusão e/ou perda.

Comum a todas as experiências traumáticas:

- abuso de poder;
- traição da confiança;
- cilada;
- desamparo;
- dor;
- confusão;
- perda.

PRINCIPAIS SENTIMENTOS: IMPOTÊNCIA E DESESPERO

Esta definição de trauma é bastante ampla. Inclui respostas a grandes incidentes de ocorrência única, como acidentes, desastres naturais, crimes, cirurgias, mortes e outros atos de violência. Também inclui respostas a experiências crônicas ou repetitivas, como abuso infantil, negligência, combates, violência urbana, campos de concentração, relacionamentos agressivos ou privação permanente. Intencionalmente, essa definição não permite determinar se um evento específico é traumático; cabe ao sobrevivente determinar. Essa definição oferece orientações para compreendermos o ponto de vista do sobrevivente sobre os eventos, bem como suas condições de vida.

> *"O trauma psicológico refere-se à ferida das suas emoções, do seu espírito, da sua vontade de viver, suas crenças sobre si mesmo e sobre o mundo, sua dignidade, seu senso de segurança e seu conceito de espiritualidade.*
>
> *O atentado à sua psique é tão grande que seu modo normal de pensar e sentir, e a forma usual como lidava com o estresse são inadequados."*
>
> (Aphrodite Maksakis, Ph.D.)

❖ ❖ ❖ ❖ ❖

SINAIS E SINTOMAS DE TRANSTORNO DE ESTRESSE PÓS-TRAUMÁTICO (TEPT)

Os sintomas do transtorno de estresse pós-traumático (TEPT) podem surgir de repente, gradualmente ou ir e vir com o passar dos anos.

Há caso em que os sintomas surgem, aparentemente, de forma inesperada. Em outros casos, eles são ativados por algo que remete ao evento traumático original, como um barulho, uma imagem, certas palavras ou um cheiro.

Embora cada indivíduo manifeste o TEPT de uma forma diferente, há três tipos principais de sintomas:

1. Revivescência do evento traumático.
2. Fuga das lembranças do trauma.
3. Aumento da ansiedade e tensão emocional.

Revivescência do evento traumático:

- Memórias invasivas e desagradáveis do evento.
- Flashbacks (agir e sentir como se o evento estivesse acontecendo novamente).
- Pesadelos (sobre o evento ou outras coisas assustadoras).
- Sensações de profunda agonia pela lembrança do trauma.
- Reações físicas intensas pela lembrança do evento (tais como coração acelerado, falta de ar, náusea, tensão muscular, transpiração).

Fuga e entorpecimento:

- Fuga de atividades, lugares, pensamentos ou sentimentos que remetem ao trauma.
- Incapacidade de lembrar aspectos importantes do trauma.
- Desinteresse por atividades e pela vida em geral.
- Sensação de desconexão das pessoas e entorpecimento emocional.
- Senso de futuro limitado (a pessoa não espera ter uma vida normal, casar-se, ter uma carreira).

Aumento da ansiedade e tensão emocional:

- Dificuldade para dormir.
- Irritabilidade e acessos de raiva.
- Dificuldade de concentração.
- Hipervigilância (ou "alerta vermelho" constante).
- Sustos e sobressaltos.

Outros sintomas comuns de TEPT:

- Culpa, vergonha ou autoculpa.
- Abuso de substâncias químicas.
- Sentimentos de desconfiança e traição.
- Depressão e desespero.
- Pensamento e sentimentos suicidas.
- Alienação e solidão.
- Dores físicas.

PROBLEMAS PARA O COACH

Como seres humanos, odiamos e evitamos os sentimentos de desespero, vulnerabilidade e impotência sempre que possível. Ao invés de reconhecermos e admitirmos a realidade física e emocional em que nos encontramos – o que daria suporte à razão e foco no presente, ajudando-nos a tomar decisões sensatas, eficazes, lógicas e produtivas - nós negamos as emoções e fugimos dos nossos medos, indo direto para os braços da ira.

Enquanto as experiências traumáticas do Coach não forem trabalhadas e curadas, o coachee pode, temporariamente, alcançar seus objetivos, mas irá, eventualmente, retomar os velhos comportamentos.

Sinais de alerta: Quando considerar o encaminhamento do coachee a um psicoterapeuta.

Quando o coachee mostra:

- Euforia – mau discernimento, diminuição da necessidade de dormir, impulsividade, gastos financeiros em excesso, promiscuidade.
- Pensamento acelerado, agitação e entusiasmo em excesso.
- Comportamentos autodestrutivos, como cortar-se, puxar o cabelo, excesso de

tatuagens e piercings.

• Padrão de autossabotagem.

• Confusão acerca da identidade racial, gênero e orientação sexual.

• Sintomas depressivos – tristeza, letargia, perda de peso, irritabilidade, insônia, culpa, falta de concentração, ideias ou tentativas de suicídio, principalmente se os sintomas durarem mais de um mês.

• Ingestão de medicamentos psicotrópicos sem terapia.

• Frequentes ataques de pânico ou ansiedade.

• Alucinações.

• Paranoia.

• Comportamento compulsivo.

• Sonambulismo.

Encaminhe sempre que:

• O coachee tiver questões que parecem demandar um trabalho sobre seu passado.

• O coachee quiser que você faça algo que alivie seu estresse emocional.

• O coachee desejar aprofundar questões subjacentes.

• Estiver em dúvida.

Trabalhando em conjunto com um psicoterapeuta

É importante dizer que encaminhar coachees para um psicoterapeuta não significa que eles devem parar suas sessões de Coaching. Isso depende da gravidade do problema, bem como do quanto você e o psicoterapeuta estão alinhados com o trabalho e o foco um do outro. O terapeuta deve estar disposto a conversar com você e consultá-lo sobre o andamento do processo de Coaching do cliente. Advertência: Se você e o terapeuta não estiverem alinhados, o cliente acaba dividido entre vocês dois. É provável que tudo acabe em separação. Encontre um terapeuta qualificado, que esteja disposto a apoiar o seu trabalho enquanto conduz a parte psicoterapêutica do processo de Coaching/tratamento.

Trauma Psicológico – Algumas verdades simples

Quando suspeitar de que seu coachee pode estar tendo dificuldades nas sessões de Coaching porque está traumatizado:

• Não sobrecarregue seu coachee. "Sobrecarga" tem vida própria. Ao dizer para uma pessoa que ela não está pronta para ouvir, você só prova que você não está ouvindo o que ela diz.

• Facilitar o processo de coachees traumatizados pode ser tão simples quanto estar presente nas sessões sem prejudicar nada.

• Apoie o movimento que vai do excesso de racionalização para as emoções, para a sensação corporal ou conexão com a sabedoria interna do corpo.

• Coachees precisam da crescente sensação de que são capazes de cuidar de si mesmos.

Como Coach:

• Quando estiver frustrado, em primeiro lugar demonstre empatia com você mesmo.

• Você é constituído de várias partes que formam seu self. Pergunte-se: quais partes do meu self precisam de algo neste momento?

• Mantenha-se aberto para ouvir o que as partes querem.

• Prometa a si mesmo que não protegerá uma parte, a mesmo que ela queira. Geralmente, o que as partes ou a criança interior querem é ser ouvidas; isso ajuda a empoderar as partes.

• Lembre-se: as partes precisam ser vistas e ouvidas.

• Deixe seu corpo tremer se precisar. Descarregar o sistema nervoso faz bem. Deixe que a descarga de energia saia pelos dedos das mãos e dos pés e vá para o universo. Isso ajuda a reajustar o seu sistema nervoso central e faz bem.

• Lágrimas ou choro ajudam, mesmo que aconteçam dentro de você.

• Por fim, ouça com sua terceira orelha (ouça com seus olhos e veja com suas orelhas enquanto sente com seu coração). Ajude os outros a sentir suas próprias capacidades de cuidar de si mesmos e comece com você, fazendo-se perguntas quando estiver frustrado!

COACHES, PRIMEIRO CUREM-SE

Um dos aspectos mais importantes ao ajudar uma pessoa a recuperar-se de uma experiência traumática é ensinar o facilitar/terapeuta a respeito de trauma.

Geralmente, as experiências traumáticas não resolvidas dos facilitadores bloqueiam a habilidade que têm para ajudar seus coachees a enfrentar seus medos e sentirem-se seguros.

Coaches que evitam enfrentar seus próprios medos podem rejeitar ou minimizar as necessidades de seus clientes. Se não enfrentarem e começarem a curar seus próprios traumas, há uma grande probabilidade de os facilitadores intervirem no processo dos clientes, tentando lidar com seus traumas. "Você está a salvo agora! Sei exatamente o que você quer dizer. Sinto o mesmo que você. Com o tempo, isso não parecerá tão importante". Essas frases representam tentativas de intervir no processo de cura ao invés de facilitá-lo.

Dicas: Como estar com seu coachee

1. Lembre-se: seu coachee é um ser humano – e não uma máquina!

2. Nunca subestime o impacto do trauma no coachee.

3. Os coachees geralmente regridem após o trauma. Tenha paciência com este comportamento.

4. Após o trauma, as necessidades primárias são alento e segurança, mesmo que o cliente tente afastá-lo.

5. A forma como os coachees percebem um evento é único e, geralmente, é diferente do modo como imaginamos que reagiríamos ao mesmo evento. Trabalhe com a percepção deles, não com a sua!

6. Os coachees podem ou não precisar falar muito sobre o evento!

7. Não pressione. Insistir que a pessoa fale quando ela não está pronta pode traumatizar novamente.

8. Não preveja o futuro! Exemplo: "Talvez você sinta raiva a respeito do que aconteceu". Descrever emoções ou prever experiências antes que elas sejam verbalizadas pelo cliente podem criar problemas que seriam evitados se você permanecesse em silêncio e esperasse que o cliente descrevesse a emoção para você. Não acrescente nada!

9. Não minimize. Exemplo: dizer a um adolescente que a dor pelo fim de um namoro "não é tão importante". Essa é uma péssima ideia!

10. A ajuda é melhor conduzida pela reflexão e não pela direção. Acompanhe seu coachee.

11. Forme um grupo de apoio. Isolamento social não é bom. Apoio vale ouro.

12. Esteja disponível. Quando seus coachees precisam falar, eles precisam falar.

13. Distrações são coisas positivas! Distrações acontecem de diferentes for-

mas: socialização, trabalho, limpeza de armários, passatempo etc. Estimule os coachees quando possível. Distrações positivas podem ser usadas para deslocar distrações negativas ou destrutivas que podem aparecer após o trauma.

Esses são apenas algumas dicas que podem ajudá-los a ser mais eficazes caso decidam trabalhar com trauma.

Nas páginas anteriores, apresentei alguns conceitos básicos que apoiarão seu trabalho com esse tipo de coachee. Um treinamento complementar para tornar-se um Coach/profissional especializado em trauma vai aumentar sua eficácia com clientes traumatizados. Infelizmente, vivemos em um mundo onde mais e mais coachees chegam até nós após sobreviver a um trauma psicológico e incapazes de, efetivamente, seguir adiante com suas vidas.

Minhas preocupações

Não me preocupo com a possibilidade do trauma ser ativado ou seu coachee ser traumatizado novamente em razão de uma sessão de Coaching (embora isso possa acontecer). Afinal de contas, seu coachee sobreviveu ao trauma original e acabou em seu consultório. Ele é um sobrevivente e o fato de ter buscado o Coaching indica que ele tem uma fonte de força interior e, com o passar do tempo, vai prevalecer em sua cura.

Me preocupo com sua desilusão ou dúvida acerca de suas habilidades. Me preocupo com a possibilidade de seu coachee ficar desilusido e ainda mais sem esperança quanto a desenvolver possibilidades e opções positivas na vida.

E há sempre um evento traumático secundário. Se você não souber ouvir as experiências traumáticas com segurança e proteger-se quando estiver no campo relacional de um cliente traumatizado, você pode desenvolver estresse pós-traumático simples. Essa é uma ideia péssima!

Para você e seu coachee, é importante não esquecer desta citação de Maya Angelou: "Não posso mudar o que me acontece. Me recuso a ser reduzida a isso". A cura de experiências traumáticas e Coaching não são, necessariamente, processos que se excluem. A consciência do trauma aprofunda e expande sua habilidade de conduzir o processo de Coaching com a maioria dos clientes que chegam até você.

Regra de ouro

Se uma sessão termina com seu coachee sentindo-se mais empoderado e você sentindo-se humilde... seu trabalho foi bem feito.

> *"Como seres humanos, nossa grandeza reside não tanto em sermos capazes de refazer o mundo, mas em sermos capazes de refazermos nós mesmos."*
> *(Mahatma Gandhi)*

◆ ◆ ◆ ◆ ◆

LEITURAS SUGERIDAS

Van der Kolk Bessel, McFariane; Alexander C.,Weisaeth Lars (1996). Traumatic Stress: The Effects of Overwhelming Experience on Mind, Body, and Society. The Guilfrd Press.

Levine Peter, Ann Frederick (1997). Waking the Tiger-Healing Trauma. North Atlantic Books.

Mataskis, Aphrodite (1996). I Can't Get Over It- A Handbook for Trauma Survivors. New Harbinger Publications.

Participação Exclusiva

COACHING & PSICOLOGIA

Diferenciando as psicologias da Psicoterapia e do Coaching

Ph. D. L. Michael Hall

Ph. D. L. Michael Hall

Doutor em Psicologia Cognitiva, tendo a psicolinguística como área secundária. Foi psicoterapeuta por 20 anos e então tornou-se adepto da psicologia da excelência usando PNL e neurossemântica. Estudioso do trabalho de Abraham Maslow sobre pessoas autoatualizadas e o modelo "o lado saudável da natureza humana". É autor de três livros sobre Psicologia da Autoatualização. Cofundador do Sistema Metacoaching e Neurossemântica. Autor de mais de 46 livros.

www.neurosemantics.com
www.self-actualizing.org
www.meta-coaching.org

Há duas psicologias. Há a psicologia para as pessoas que necessitam de terapia e a psicologia para as pessoas que necessitam de desafios. Estes são dois tipos muito diferentes de Psicologia, pois abordam as necessidades, os impulsos, as motivações, os roteiros de vida etc., de dois tipos diferentes de pessoas. O profissional que atua no primeiro caso é o psicoterapeuta, cujo trabalho consiste em curar (heal[1]) pessoas. Já o profissional que atua no segundo caso é o Coach, cujo trabalho é desafiar pessoas.

A linha que separa essas duas psicologias, esses dois tipos de pessoas e esses dois tipos de profissionais não é uma linha clara. Há algumas áreas indefinidas e algumas exceções que tornam uma dessas áreas mais interessante para algumas pessoas. Na verdade, toda a área de aconselhamento parece estar nesta região indefinida entre terapia e Coaching. Às vezes, a pessoa que está nesta área indefinida precisa de um pouco de aconselhamento, um pouco de consultoria, ligeira aceitação e acolhimento com um pouco de desafio.

Entretanto, apesar desta ambivalência e do fato de haver uma confusão entre terapia e Coaching, o texto que segue oferece uma forma de diferenciá-los.

A Psicologia da Psicoterapia

A Psicologia da Psicoterapia é conhecida por praticamente todas as pessoas. Quando o assunto é "Psicologia", é nela que as pessoas pensam imediatamente. Pensam em como compreender as pessoas, a natureza humana, a mente e as emoções, as memórias e as crenças etc.; pensam em como as pessoas podem ficar magoadas, feridas e traumatizadas, e como a "Psicologia" pode ajudar. E, de fato, Sigmund Freud começou a construção de sua Psicoterapia como uma forma de compreender e curar as pessoas que sofriam de histeria, isso após descobrir que a ciência médica não era capaz de trazer alívio.

A terapia aborda a cura (heal). É isso o que a palavra significa, cura (heal). Da mesma forma que o corpo pode ser machucado, ferido e traumatizado, os pensamentos, as emoções, o senso de individualidade, a visão de mundo, as expectativas e a esperança de uma pessoa também podem. Isso é verdadeiro, mesmo que a "ferida" e o "trauma" da psique (self ou indivíduo) não sejam tão exteriores e aparentes quanto os do corpo físico. Então, o que realmente dói (hurt [2])? Dizemos

---

[1]. Na língua inglesa, há duas palavras que podem ser traduzidas como cura (substantivo) e curar (verbo). Uma delas é cure e a outra é heal. Cure tem o sentido de eliminar doenças do corpo físico. Por outro lado, heal tem um sentido mais amplo, pois se refere à cura emocional, à restauração do senso de completude, plenitude e felicidade. Neste artigo, as palavras cura e curar referem-se ao significado de heal.
[2]. Na língua inglesa, a palavra hurt refere-se tanto à dor física quanto emocional.

que alguém "nos magoou, feriu nossos sentimentos". Então o que é dor (hurt)? Costumamos dizer que tivemos experiências negativas e que agora estamos desiludidos, deprimidos, que somos incapazes de confiar e de ser felizes, que temos medo das pessoas etc. Então, o que é essa dor interior?

Na verdade, são nossos mapas mentais sobre o mundo que doem (hurt). Havíamos pensado uma coisa e vivenciamos outra totalmente diferente. Antecipamos, aguardamos, esperamos, aspiramos, desejamos etc. uma coisa, mas nada aconteceu, foi bloqueado, outra pessoa conseguiu. Não esperávamos esse evento indesejado (guerra, estupro, tumulto, ataque, incêndio, falência, divórcio etc.) e quando ele aconteceu, não estávamos preparados; não sabíamos o que fazer; não sabíamos como lidar com isso.

A dor acontece e nossas emoções registram essa dor ao mesmo tempo em que vivenciamos emoções "negativas" – medo, raiva, estresse, frustração, decepção, desilusão, depressão, ansiedade, paranoia, vergonha, culpa e uma série de outras emoções semelhantes. O que essas emoções registram é que há algo errado com nosso mundo (nossa visão, nosso modelo de mundo). De alguma forma, por alguma razão, nosso modelo mental de mundo não está funcionando como "deveria".

E se não temos a habilidade de usar a emoção "negativa" para explorar e ajustar nosso mapa mental sobre as coisas, ficamos paralisados no sintoma – as emoções negativas em si, as experiências e os estados negativos; e se não sabemos como, efetivamente, lidar com a situação e dominá-la, tornamos tudo ainda pior para nós mesmos. Talvez precisemos da bebida para nos livrar da dor. Talvez precisemos atacar os outros, pensando que isso nos ajudará a vencer. Talvez precisemos negar, reprimir, fingir, ser vítima e outras inúmeras maneiras de multiplicar o problema que causa a dor.

A Psicoterapia é a área que lida com tudo isso. Quando algo dói nesse sentido, significa que, geralmente, faltam às pessoas os recursos de que necessitam para a autocura. E isso é ainda mais verdadeiro quando a dor acontece durante a infância ou nos estágios de formação do jovem adulto.

- **A pessoa está ferida em seu senso de individualidade.** Ela não se sente bem. Ela não se sente digna, valiosa, honrada, importante, alguém etc.; uma pessoa pode estar ferida e machucada, até traumatizada em sua autodefinição, autoconfiança (senso de empoderamento e competência), autoestima (senso de valor e mérito pessoal), ser social (como ela percebe a forma como os outros a veem).

- **A pessoa está ferida em sua compreensão do que está acontecendo.**

Ela se sente confusa, pressionada, insegura, ignorante, desinformada etc.. Ela pergunta: "por que isso está acontecendo?", "por que isso acontece comigo?", "o que há de errado comigo?", "o que há de errado com os outros?".

- **A pessoa está ferida em seus recursos de cooperação.** Ela se sente cansada, esgotada, derrotada e sem força do ego para continuar encarando a situação e lidando com ela.

- **A pessoa está ferida em seu senso de tempo.** A pessoa parece estar vivendo no passado e não totalmente presente no agora ou com visão de futuro.

Essas são as condições que eu geralmente listo como condições que pedem Psicoterapia. Uma pessoa que não está bem consigo, vive no passado, não tem força do ego para ser desafiada e se sente incapaz de mudar suas crenças, precisa realmente de alguém que a aceite e se preocupe com ela, que a escute como ninguém jamais a escutou, dê apoio, ajude a desenvolver novas habilidades para lidar com as situações, ajude a encontrar novos propósitos etc. Em uma palavra, o terapeuta ama a pessoa e utiliza a ferramenta reparenting para restabelecer a saúde dela.

O que uma pessoa precisa aprender e quais competências precisa desenvolver para se dedicar à psicoterapia? Há muitas, muitas "Escolas de Psicologia" para isso. Eu comecei com a Psicanálise, mudei para a abordagem junguiana e depois para a adleriana, da qual realmente gostava; então, passei à análise transacional, que utilizei por muitos anos e aprendi com alguns dos criadores. Na sequência, conheci a abordagem Racional Emotiva (Ellis) e a Psicologia Cognitiva e nesta tradição surgiu a PNL. No que diz respeito às competências, você precisa ser muito paciente e gentil, capaz de diagnosticar, reconhecer desordens de personalidade e estar menos alerta, uma pessoa prejudica a si mesma mais. O livro que escrevi em conjunto com outros autores de PNL é The Structure of Personality: Ordering and Disordering Personality Using NLP and Neuro-Semantics [A Estrutura da Personalidade: Organizando e Desorganizando a Personalidade usando PNL e Neurossemântica].

A Psicologia do Coaching

De modo a fazer um contraste, uma vez que a pessoa tenha atingido os objetivos essenciais da terapia e: 1) sente-se bem consigo e está bem; 2) vive no presente, no agora, e está pronta para o futuro; 3) tem força do ego e recursos para perguntar "qual é o próximo passo?" e dizer "estou pronta para um desafio" e 4) tem uma grande habilidade para desaprender e aprender coisas novas em conformidade com seus mapas mentais – esta pessoa está pronta para o Coaching.

Qual é a diferença? A grande diferença é que, na psicoterapia, a pessoa precisa de amor, aceitação, compreensão, gentileza e homeostase ao equilibrar o mundo. No Coaching, por outro lado, a pessoa precisa de desafios, tensão, desorientação e desequilíbrio ao agitar o mundo e criar novas possibilidades.

O psicoterapeuta quer restabelecer a saúde e o senso de completude da pessoa e, geralmente, ao utilizar a ferramenta reparenting, torna-se uma "figura de autoridade" que a pessoa precisa para lidar efetivamente com o mundo. O Coach desafia a pessoa a ir além ao atender as necessidades básicas de sobrevivência, como estar seguro, protegido e estável, ser amado e querido, sentir-se valorizado; assim, a pessoa sente-se impulsionada a atingir uma meta maior: a necessidade de dar. Essas necessidades são tão inatas quanto os instintos, mas nos impulsiona a contribuir – conhecimento, propósito, justiça, paz, amor, beleza, matemática, fazer a diferença etc.

Desse modo, o Coaching é indicado para as pessoas que, de maneira geral, estão bem e psicologicamente saudáveis. No entanto, se elas não atingirem o próximo nível de desenvolvimento, podem ficar doentes de uma forma nova e diferente. Elas podem perder a motivação e a alegria de viver uma vida cheia de desafios, que tem por finalidade liberar cada vez mais suas potencialidades. Se elas não atingirem este ponto, vão ficar na zona de conforto, entediadas e focadas no nível inferior da necessidade de receber.

Esta Psicologia surgiu na década de 1940, quando Abraham Maslow e Carl Rogers começaram a explorar "o lado saudável" da natureza humana. No final dos anos 1930, Maslow escreveu um livro sobre Psicologia Anormal, no qual relata todas as formas horríveis em que a existência humana pode dar errado e faz comentários paralelos sobre a forma como ele imagina ser "o lado saudável". Posteriormente, ele escolhe seus mentores Ruth Benedict e Max Wertheimer como dois "maravilhosos, maravilhosos seres humanos" e "boas amostras" de humanos para iniciar sua modelagem de pessoas autoatualizadas – pessoas que vivem no pico de seu potencial e suas paixões, fazendo a diferença no mundo. A partir daí, surgiu o movimento do potencial: a Psicologia Humanista e a Psicologia Positiva, baseadas nos pontos fortes com foco no lado positivo da natureza humana.

O que uma pessoa precisa aprender e quais competências precisa desenvolver para se dedicar ao Coaching? A Psicologia é aquela da Psicologia da Autoatualização; assim, recomendaria os trabalhos de Maslow – Toward a Psychology of Being [Introdução à Psicologia do Ser] e Motivation and Personality [Motivação e Personalidade] – e os trabalhos de Roger sobre terapia centrada no cliente e, claro, meus livros, Self-Actualization Psychology [Psicologia da Autoatualização] e Unleashed [Liberte-se].

Terapia e Coaching

Terapia	Coaching
Psicologia da dor, das feridas, do trauma.	Psicologia do desafio, do desequilíbrio, liberando potencialidades.
Tempo: clientes vivendo inteiramente ou quase totalmente no passado.	Clientes vivendo no presente com um olho no futuro.
Estado: vivencia dores, feridas e traumas internos. Vivencia as emoções "negativas".	Vivencia uma ansiedade e inquietação por algo mais, bem-estar interno e saúde.
Intenção: desejo de segurança, equilíbrio, tranquilidade, paz.	Desejo de desequilíbrio, aventura, desafio, tensão.
Self: falta de força do ego para encarar o mundo ou um desafio específico. Medo da "realidade". Medo do que pode ser verdade. Falta senso de valor, mérito e autoestima.	Tem força do ego para encarar o que há em seu mundo, amigo da realidade, não tem medo de, gentilmente, falar a verdade. Tem autoestima e autovalorização incondicionais ou "alta" autoestima mesmo que condicional.
Sente-se vítima e tem o discurso e a mentalidade de vítima.	Sente-se em uma posição importante ou completamente no controle, capaz de agir e empoderado.
Poder: precisa que se use a ferramenta reparenting, vivencia a transferência com o profissional como se ele fosse um novo "pai" ou uma nova "mãe".	Totalmente capaz de ser um adulto em seu modo de pensar, sentir e aceitar responsabilidades.
Precisa de "conserto" – remédio para os problemas do self.	Não precisa de "conserto" ou qualquer solução corretiva, quer uma mudança generativa.
Mudança: resiste à mudança, tem medo da mudança, defende-se da mudança.	Acolhe a mudança, quer mudar, planeja a mudança, fica entusiasmado com a mudança.
Reativo, defensivo, medo de abrir-se, vulnerável.	Proativo, aberto, não tem nada a esconder, autoconsciente.

A **Psicologia da Terapia** é uma **Psicologia Remediativa** que oferece insights sobre como acolher, apoiar, escutar, abrir espaço para a pessoa contar sua história, facilitar a transferência, evitar a contratransferência, utilizar a ferramenta reparenting para restabelecer a saúde da pessoa. É uma conversa que envolve uma relação de independência-dependência que estimula o cliente a ser mais e mais independente.	A **Psicologia do Coaching** é uma **Psicologia Generativa** que desperta, incomoda, desafia e gera tensão para liberar cada vez mais os talentos e as potencialidades. Tem um caráter altamente confrontativo, direto e explícito. É um diálogo entre colegas e envolve papéis interdependentes.
O **Terapeuta** trabalha para estabelecer o bem-estar do cliente, fazê-lo sentir-se bem, fortalecer seu ego, resolver o passado e trazê-lo para o presente – no agora e pronto para assumir os desafios da vida.	O **Coach** trabalha para levar a autoestima a um estado totalmente incondicional, de modo que a pessoa não tenha que provar nada para estar total e completamente bem e pronta para um novo desafio – uma inquietação para pensar mais, sentir mais, ser mais, dizer mais, ter mais e dar mais.

1

Os nutrientes estão todos dentro de você

Adimari Carvalho

Adimari Carvalho

Diretora Administrativa e Financeira da Multiplik Neurolinguagem & Coaching.

Trainer em Programação Neurolinguística e Master Practitioner em Terapia da Linha do Tempo, Personal & Professional e Career Coach pela Sociedade Brasileira de Coaching.

Pioneira no Estado de Rondônia com as abordagens de terapias de mudança acelerada de comportamento. Especialista em Crenças. Presta atendimento e atua nas corporações na área de desenvolvimento humano. Atua em projetos de consultoria, educação corporativa e treinamento em diversas empresas do norte do país. Desenvolve um trabalho nas comunidades, baseado na linguagem de PNL & Coaching, junto às famílias atingidas pelas barragens da Usina Santo Antonio Energia.

É entusiasmada com pessoas e pelo desenvolvimento humano. Como treinadora, é reconhecida pela comunicação simples e pela forma descontraída de ensinar.

Coautora do livro Leader Coach, 2011, Editora França.

Contato:
(69) 8461-1566
adimari@multiplik-ro.com.br
www.multiplik-ro.com.br

Você está exatamente onde escolheu estar?

Eu descobri que sim. É curioso como a vida vai aos poucos revelando quem nós somos em essência e até onde podemos chegar dependendo do quão conectados estamos com o nosso coração. Eu cresci com vontade de ajudar o outro por um simples fato: acabar com o meu próprio sofrimento. Só que sem consciência fui entrando em labirintos e alguns, de tão profundos, levaram muitos anos até que eu finalmente conseguisse sair. Minha formação acadêmica é em Contabilidade. Na época, era a faculdade que eu podia fazer na cidade onde eu morava, com as condições financeiras que eu tinha e com o modelo de realidade que eu conhecia. Desde sempre sabia que não era esse o curso a ser feito, mas respeitei muito uma lei da natureza que diz que você está exatamente onde precisa estar para a sua evolução. Então, trabalhei em algumas empresas, empreendi, mudei de cidade. O Departamento de Recursos Humanos foi me apresentado por uma amiga de jornada e relutei muito em aceitar. Logo fui percebendo as coisas que a vida me mostrava. Então conheci o Coaching, a Programação Neurolinguística, a Emotologia, o AVATAR, a Hipnoterapia e outras ferramentas de autodescoberta. Junto com minha amiga e agora sócia, apoiamos muitas pessoas com seus processos de descobertas. Este é o resumo da ópera, sem drama, claro. Não foi simples assim. O caminho foi e é por vezes tortuoso.

Da mesma forma, você escolheu ajudar as pessoas com suas questões pessoais ou profissionais. Alguma coisa aconteceu na sua experiência que o impactou a ponto de querer fazer isso como profissão. Então, escolheu a faculdade de Psicologia, os cursos de formação em Coaching, terapias e afins. Passou anos se dedicando às leituras, autores, pensadores, mestres dos mais diversos. Uma leitura que leva a outra e a outra, e a infinitas outras. Aprende que precisa praticar os conhecimentos. Decide atender os clientes com todas as ferramentas que tem em mãos. Não consegue os resultados ou os resultados não são exatamente como você gostaria que fosse. Começa com um foco, mas a demanda é outra, perde-se no emaranhado de confusões que a mente do cliente traz. A vontade é de pedir para o cliente: "será que você pode trazer um problema que se encaixe nisso que eu já aprendi?". Nesse momento, talvez pense que falta mais conhecimento. Decide buscar mais e mais. E volta. E atende. E os resultados são melhores. Você passa por este ciclo muitas vezes e a cada rodada buscando um pouco mais de conhecimento consegue ajudar um pouco mais. Sente-se realizado, a carteira de clientes começa a aumentar, você está feliz e então decide realizar mais. Outro curso, uma ferramenta diferente, uma técnica mais avançada, mais, mais e mais. Com isso, mais dedicação, mais horas de leituras, mais filmes, mais viagens, mais pensadores, mais mestres.

De repente, você percebe que seus clientes estão começando a voar... e você se percebe acima do peso, com dívidas, fumante, bebe de maneira desregrada, tem uma relação afetiva morna, mas é um excelente conselheiro. O trabalho já não oferece mais o prazer que oferecia, os clientes já não parecem mais desafiadores como pareciam, você ouve e começa a dar conselhos. Olha para o cliente e diz: "isso é depressão, você deve fazer isso..." ou "isso se chama transtorno bipolar... você precisa melhorar suas crenças...". Você começa a papagaiar frases, conceitos, teorias. Olha para o cliente e já sabe identificar o problema que ele tem e, a partir desse diagnóstico, traça as sessões. Caiu na armadilha do piloto automático. Nessa hora vem a pergunta: onde eu estive esse tempo todo cuidando das pessoas e suas metas e não olhei para a minha própria experiência? Um desânimo toma conta, uma decepção consigo mesmo, uns porquês sem fim te acometem, uma sensação de culpa por não ter cuidado de você. E as pessoas percebem essa linguagem e os resultados começam a minguar.

Nossa, mas esse não é um livro para apresentar estratégias de como essas poderosas ferramentas contribuirão com os profissionais formados, estudantes que, ao entrarem no mercado, descobrem que a faculdade ensina a teoria, porém o mercado cobra a prática? Eu respondo: exatamente!

Experimentar o pior cenário pode ajudá-lo a escolher como vai traçar a sua carreira antes de ajudar o cliente a encontrar os resultados dele. Uma das maiores pegadinhas é acreditar que o conhecimento vai levá-lo onde precisa chegar. Eu arrisco dizer que quanto maior o conhecimento menor o entendimento se não o transformarmos em sabedoria de vida.

Ser cuidador nos exige uma postura absolutamente responsável diante da nossa própria existência. Cuidar de si antes de cuidar do outro. Colocar em prática na nossa experiência todas as facetas, máscaras, crenças e lixos que forem surgindo nas nossas mentes, à medida que apoiamos o outro nas suas desconstruções. Milton Erickson dizia que "o paciente só é nosso paciente porque não se relaciona com a mente inconsciente". Carl Jung disse: "Quem olha para fora sonha, quem olha para dentro desperta".

É interessante pensar sobre isso. Uma das grandes armadilhas da nossa profissão é que, por vezes, preocupados com os clientes e pacientes, esquecemo-nos de nós, dos nossos sonhos, de cuidar da nossa criança interior. Enquanto vamos ampliando a consciência de quem nós somos, de quais coisas, pessoas e situações nos movem, as respostas aparecem em cada cliente que surge para ser ajudado. Cada um deles espelha uma necessidade de trabalharmos nossas próprias sombras. Resolver com dedicação o conflito do cliente é resolver nosso próprio conflito. Desse modo, tornamo-nos melhores profissionais se colocarmos nosso foco de atenção em nossa própria vida. Não há nada pior do que ir a um cardiologista fumante, visitar um nutricionista acima do peso, um dentista com um sorriso descuidado, um psicólogo cheio de problemas pessoais, um Coach que não se realizou como pessoa.

É claro que não nos tornamos quem queremos ser da noite para o dia. Há um longo e penoso caminho a ser percorrido e há de ter muita paciência, foco e perseverança. Robert Dilts tem uma citação de que gosto muito: "Aprendizagem é comunicação a longo prazo e comunicação é aprendizagem a longo prazo". Assim sendo, ouvimos, lemos, mas ainda não conseguimos transformar em sabedoria, pois faltam os nutrientes que são fornecidos em cada uma das interações humanas, sejam pessoais ou profissionais. Nas pessoas encontramos uma riqueza imensurável se olharmos para cada uma delas dentro das relações, sem exceção, como um mestre que nos traz a informação para decodificarmos. Agora, muitas vezes, no emaranhado dos nossos próprios pensamentos, não percebemos a vida acontecendo no exato momento em que acontece, perdendo preciosas informações que contribuiriam para a nossa evolução, fazendo com que se repitam. Assim como na escola, ficamos em dependência na vida, e lição não aprendida, com certeza, é lição repetida. Quanto mais atento à sua vida, mais rápido se tornará o profissional que deseja.

A Master Coach Arline Davis fala que "Maestria é beirar a incompetência". Quando ensina sobre os ciclos de aprendizagem e maestria, mostra que passamos por estágios. Albert Bandura focou suas pesquisas em fazer uma relação entre as expectativas que as pessoas desenvolvem sobre sua atuação e o resultado que se obtém, criando a Curva de Bandura, na qual mostra as fases do nosso processo de aprendizagem. Leva-se um tempo para perceber que precisamos realmente nos colocarmos à prova todo o tempo, abrir mão de todo o conhecimento e partir para o novo. Cada dia é um dia completamente novo e cheio de oportunidades de criar coisas melhores. Experimentar o avivamento é uma aventura, que exige consciência plena e muita coragem. Se apegar ao que já se sabe torna a vida morna e nos coloca na terrível zona de conforto, que de confortável não tem absolutamente nada! O lugar em que você se sente seguro nem sempre é o lugar onde encontrará a alegria e a aventura de viver plenamente e, sem ser essa pessoa, talvez você não consiga transmitir ao seu cliente a congruência necessária que alinhe seu pensamento e sua fala com o que ele recebe percebendo suas mensagens vindas através da vida que você vive.

Você pode pensar: mas eu já sei disso tudo, qual é a novidade, então? A novidade é que muitas vezes não nos damos conta de que sabemos muito mais do que realmente fazemos. Sabemos muito mais sobre o comportamento humano do que realmente nos comportamos como acreditamos, sabemos muito mais sobre alimentação saudável do que realmente nos alimentamos corretamente, muito mais sobre a importância da atividade física, qualidade de vida do que realmente realizamos. Saber não é o mesmo que fazer. Pensar, discutir, mensurar, conhecer, planejar ou tomar uma decisão não é o mesmo que agir e sem ação, não há feedback, e sem feedback, não há como avançar.

Eu não imagino o quão grande você se enxerga, não sei quais são os sonhos mais lindos que você guarda dentro de você. O que eu sei é que você pode optar por experimentar na sua própria experiência, a cada dia, tudo o que a vida oferece como nutrientes para a sua evolução e, dessa forma, distribuir essa sabedoria a seus clientes, apoiando-os a tirar as vendas dos olhos.

Por isso, não há nada mais importante do que limpar suas projeções. Nenhum mestre, curso, faculdade, técnica ultra, mega, master, power, blaster. A primeira sombra a ser dissipada é o orgulho. Com humildade você enxergará cada ser como um grande mestre. A única coisa que você precisa fazer é que sua própria jornada seja algo maravilhoso. Suas descobertas então servirão como centelhas iluminando o caminho das outras pessoas. Imediatamente compartilhe com o mundo suas sabedorias. O segredo aqui é: ouça o seu coração e, por mais que pareça absurdo, siga essas pistas. Só elas dirão se você está no caminho certo!

2

COACHING & PSICOLOGIA

Confiança X Competência

Arline Davis

Arline Davis

Master Coach Trainer, é Coach dos Coaches e Treinador dos Treinadores. Diretora executiva do Núcleo Pensamento & Ação e Presidente no Brasil do International Association of Coaching Institutes – ICI e IN – International Association of NLP Institutes. Natural dos EUA.
É bióloga pela University of California, Davis.
Há 18 anos forma profissionais em Programação Neurolinguística e Coaching. Desenvolve projetos educacionais na área de competências profissionais e educação ambiental e ministra palestras e treinamentos internacionalmente.
É criadora da Metodologia Coaching Pensamento & Ação® e Evolutionary Coaching Cycle®.
Coautora dos livros Ser Mais com Coaching e Ser Mais com PNL (Editora Ser Mais), Leader Coach e Coaching na Prática (Editora França) e PNL e Coaching (Editora Leader).

Contato:
(21) 2511-1869
nucleo@pnlnucleo.com.br

Qual é a relação ideal entre a confiança e a competência? Por que os Coaches devem se importar com isso? Estas são as perguntas que me instigaram a escolher este tema para o artigo que se desenvolve nestas páginas. É muito atraente um coachee saber que aumentará sua confiança ao passar por um processo de Coaching. Ele será encorajado e entrará em ação para gerar resultados que ele deseja e, para isso, a confiança mútua é um recurso e tanto.

Uma pergunta poderosa aplicada no Coaching é: "Se pudesse fazer ou ser qualquer coisa na vida sem correr o risco do fracasso, o que você faria?" O coachee é estimulado a pensar grande, independentemente de qualificações ou experiência. E o resultado pode ser a identificação de um grande sonho, de grande valor para o cliente. Esta pergunta pode contornar pensamentos limitantes a respeito do que se pode ou do que não se pode fazer. Assim, com apoio e um plano de ação, o coachee pode ficar "pilhado" para sair em campo e fazer acontecer.

Parece uma boa? Será que existe algum porém? Do meu ponto de vista, há sim. Vou exemplificar com um caso, que li muito tempo atrás, em um grupo de distribuição de mensagens, ligado à PNL – Programação Neurolinguística. Steve Andreas, uma referência na área, escreveu sobre a generalização exagerada da crença "EU POSSO, EU CONSIGO!!!". Ele citou o exemplo de uma pessoa que participou de um workshop motivacional, andou nas brasas – o conhecido firewalking – e ficou tão empolgado com a crença "posso tudo" que alugou um andar inteiro de um prédio comercial para criar seu mega império: uma empresa de consultoria e transformação pessoal. Houve muita empolgação e iniciativa, porém, quando precisou desenvolver o trabalho em si, caiu em si que não tinha as habilidades necessárias para bancar seu propósito. A confiança foi na frente e rebocou a competência, ainda insuficiente. O resultado foi um investimento perdido e uma dúvida instalada: "Será que eu consigo mesmo?". Sabemos, através da PNL, que conseguimos "reenquadrar" o "fracasso" como um "feedback". Porém, resultados muito aquém da expectativa podem abalar o sistema de crenças que sustenta um empreendimento.

Outro caso interessante foi compartilhado durante um workshop de Coaching, com Martin Shervington, um Coach britânico, autor de uma metodologia de "Coaching Integral", em que o coachee trabalha, em conjunto, várias linhas de desenvolvimento – que incluem o cognitivo, o afetivo, o interpessoal, o moral e as habilidades. Durante o workshop, Martin encorajou a turma a encontrar e conviver com pessoas de competência significativamente mais desenvolvida que a nossa em determinado assunto de interesse. Desta forma, segundo ele, a pessoa pode adquirir uma noção mais precisa do estágio do seu próprio desenvolvimento no assunto. Um colega da turma relatou, na ocasião, um exemplo muito bom do efeito dessa estratégia. Ele e vários amigos participavam de um clube de motociclismo. Eles se achavam "os tais", segundo o próprio. Eram os campeões na sua região. Então, receberam um grupo de campeões do circuito internacional, que andou nas trilhas do clube. Os membros do clube local ficaram impressionados ao perceber o quanto a mais era possível fazer manobras no território já conhecido. Descobriram que não haviam, ainda, explorado, ao máximo, o seu potencial. E por terem tomado consciência das possibilidades e da lacuna existente entre suas habilidades e desempenho e as do grupo altamente qualificado, o treino deles deu uma guinada. Para eles foi proveitoso se perceberem em uma situação de relativa não competência.

Para explorar a questão da "Confiança x Competência" menciono dois modelos para melhor abordar o assunto: "Crenças de Autoeficácia", que têm sua origem em pesquisas da área de Psicologia e a "Matriz de Competência Consciente", oriunda da teoria de aprendizagem. A interação entre esses dois modelos pode ser utilizada pelos Coaches para criar um processo sustentável de mudança com seus coachees.

No final do artigo, deixo algumas orientações para Coaches lidarem com a dinâmica de "Confiança x Competência".

A Matriz de Competência Consciente

Este modelo é frequentemente citado nos cursos de formação em Programação Neurolinguística, embora não tenha sido, na verdade, concebido pelos criadores da PNL. Este modelo é citado pela primeira vez no ano 1969, num obscuro jornal, o "Gospel Guardian" e, posteriormente, outros autores desenvolveram o formato que conhecemos hoje, ilustrado a seguir.

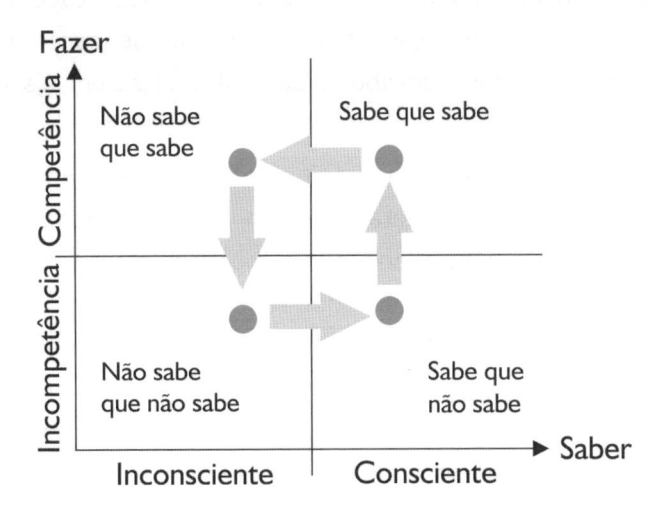

[Diagrama: Matriz de Competência Consciente — eixo vertical "Fazer" (Competência / Incompetência), eixo horizontal "Saber" (Inconsciente / Consciente). Quadrantes: "Não sabe que sabe", "Sabe que sabe", "Não sabe que não sabe", "Sabe que não sabe".]

Na "Matriz de Competência Consciente" há quatro estágios de aprendizagem experiencial que podem ser associados ao processo de Coaching: incompetência inconsciente, incompetência consciente, competência consciente e competência inconsciente.

INCOMPETÊNCIA INCONSCIENTE

Nesta fase de aprendizagem, a pessoa não sabe que não sabe realizar uma determinada tarefa. Ela ignora o fato de sua não competência porque não tomou conhecimento, não recebeu feedback ou não teve nenhuma referência de avaliação. Não há aquela comparação básica que gera uma meta: "Não estou onde eu quero estar e quero chegar lá". Não é que a pessoa seja incompetente; apenas não desenvolveu a competência e sua incompetência pode ser temporária. Aquilo que está fora do radar da pessoa não vira um alvo de aprendizagem e, por esta razão, não está sendo desenvolvido.

Para o coachee, a avaliação inicial do processo de Coaching é um momento de ambos tomarem conhecimento de onde o coachee está e aonde quer chegar. Quando o cliente inicia o processo de Coaching, ele pode saber o que quer e ter motivação para se desenvolver.

Um coachee executivo pode ter sido encaminhado para um programa com todos os gerentes, em uma empresa, e não entender o que é esperado dele. Ou o coachee pode desejar mudança e, entretanto, ainda não ser consciente, de verdade, do quanto ele mesmo tem contribuído para tal situação em sua vida pessoal e profissional.

O jeito de um coachee pensar e agir, dentro dos paradigmas que tem, faz parte de qualquer problema ou meta levado ao Coaching. O coachee lidará com várias atitudes que dizem respeito ao modo como uma pessoa lida com o processo de identificar os "gaps". A resistência pode ser evitada ou minimizada com uma conversa efetiva, para que o coachee tome consciência do estágio inicial em que se encontra em algumas competências chave para o seu desenvolvimento. Isso não quer dizer que o Coaching vai focar o problema; a intenção de uma avaliação é de estabelecer um escopo de trabalho e indicadores de êxito com a finalidade de gerar metas e evidências como feedback. E lembramos que nem todas as habilidades precisam ser desenvolvidas – é assunto do Coaching quando uma determinada competência é relevante para avanços desejados na vida pessoal e profissional.

Incompetência Consciente

Na segunda fase de aprendizagem experiencial, a pessoa sabe que não sabe. Acabou a serena inocência de ignorar a incompetência. Agora a pessoa consegue se avaliar e assume que não sabe ainda produzir resultados consistentes ou compreender, a contento, os conceitos de uma determinada habilidade. Nesta fase, é necessário agir para desenvolver a competência, para que a pessoa seja capaz de alcançar resultados. Para tal, é feito um trabalho de ajuste nos comportamentos até que consiga alcançar a meta, internalizando um modelo cognitivo que oriente o coachee nos progressos, segundo parâmetros já acordados na fase anterior.

Há algumas respostas às quais os coachees devem dar atenção. Os super empolgados, que chegaram ao Coaching com entusiasmo, com a atitude – "ninguém me segura agora!" – podem querer queimar a etapa anterior, desvalorizando o momento de contextualização e preferindo ir logo ao encontro da iniciativa que vai mudar sua vida. Nesse caso, a confiança pode estar superdimensionada para o desempenho inicial, quando ainda está tateando na região da incompetência consciente. Uma outra forte possibilidade é da pessoa ter motivação para aumentar suas competências, mas teme não conseguir. Se for assim, o coachee precisa aumentar sua confiança para manter uma expectativa positiva. Caso contrário, pode acontecer do coachee criar uma profecia autorrealizável e negativa: "Eu sabia que eu não iria conseguir".

E ainda há a pessoa que sabe que sabe, mas não faz. É a famoso Know-Do Gap, ou seja, a lacuna entre saber e fazer. Esta pessoa detém os conhecimentos e, talvez, até experiência, mas não faz por limitações pessoais – que precisarão ser trabalhadas, acrescentando novos recursos durante o Coaching.

COMPETÊNCIA CONSCIENTE

Na terceira fase da aprendizagem experiencial, a pessoa está praticando a habilidade e consegue gerar resultados, mas ainda tem que se concentrar e prestar atenção enquanto a executa. O fato de gerar resultados tende a fazer com que a pessoa aumente mais ainda sua expectativa positiva. Ela pensa: "Já que eu consegui 'x', daqui para frente vou conseguir 'x' e mais um tanto. Esta fase é caracterizada por ensaio e erro, pois é onde se consolida uma estratégia. Pense em exemplos como trocar de computador e ainda não conhecer todo o sistema operacional ou quando está apenas começando a aprender a dirigir ou, ainda, quando um bebê está aprendendo a andar. Em momentos naturais de desempenho variável, a confiança pode ficar abalada com as evidências de estagnação ou pequenas recaídas.

Em relação ao Coaching, essa fase requer outra abordagem. Antes, as perguntas principais eram: "O que fazer?" e "Como fazer?". Agora, em momentos de frustração ou perda da confiança, é necessário alicerçar o trabalho com crenças apoiadoras, obtendo respostas para as perguntas "Para que estou fazendo isso?" e "Por que eu escolhi passar por este processo?". E mesmo que a pessoa tenha facilidade de progredir bem no desenvolvimento da competência, é possível que comece a estranhar a nova identidade de "competente no assunto". "Quem sou eu agora que estou em outro patamar de desempenho?"

Outra questão que surge neste momento é o questionamento: "Agora que consigo, terei que fazer sempre? Vou ficar com saudade do jeito antigo de fazer?". Além da confiança, o coachee precisa crer na sua autoeficácia, que é uma crença potencializadora, em que uma pessoa tem convicção de sua capacidade de alcançar um resultado. Esta crença está baseada no processamento de informações de múltiplas fontes, como experiências positivas e negativas de sua própria vida e de outros. Administrar uma crise de resposta, nesta fase de aprendizagem, requer competência do Coach!

Competência Inconsciente

Na quarta fase de aprendizagem experiencial, a pessoa já está desenvolvendo a competência com naturalidade. Ela consegue resultados consistentes e desejados e nem precisa focar a atenção e se concentrar como fazia antigamente. A atenção passa a ser o flow, em que a pessoa consegue ficar imersa e focada naquilo que está fazendo, de modo engajado e efetivo, tipicamente experimentando um senso gratificante de realização. A ela é possível operar em um contexto desafiador, por ter um alto grau de competência já desenvolvida. Quando alguém fica muito tempo nesta fase de competência inconsciente, pode acontecer da pessoa perder noção do como está fazendo o que faz. Assim, se torna mais difícil ensinar para outros ou até mirar novos patamares de competência por já ter se ajustado ao atual. Este é, especialmente, o caso da pessoa que tem um talento natural e sua competência, que desde o início era inconsciente. Seus conhecimentos são tácitos e, por isso, nem sempre tão acessíveis para estudar e aprimorar.

O coachee que se encontra nesta fase de desenvolvimento para algumas competências não precisa mais de uma intervenção consciente para facilitar resultados. É provável que o Coach não precise fazer mais do que acompanhar e comemorar, com o cliente, os progressos. No entanto, para extrair o máximo do potencial de um processo de Coaching, é interessante instigar o coachee a explorar o que ele faz para ter sucesso, com o intuito de expandir ou generalizar a estratégia exitosa. Por exemplo, a capacidade de o coachee tomar iniciativas no trabalho pode ser estudada para elucidar a tomada de iniciativas para o bem-estar pessoal. Uma competência pode ser "modelada" para que o coachee possa transmitir seus conhecimentos no papel de liderança ou como mentor. Ter evidências que está atuando neste nível pode ser uma deixa para que o Coach e o coachee se lancem à um novo desafio, mantendo vivo o processo de aprendizagem.

Como o ciclo se torna uma espiral?

Há mais de 25 anos, a leitura de um livro, que jamais reencontrei, me apresentou um conceito que achei fascinante – o Woodshedding. O woodshed é uma espécie de barraca, normalmente colocada no quintal de casa, onde se guardam madeira e ferramentas.

É sabido, no meio musical, que um músico competente, e muitas vezes mestre em sua arte, toma a decisão de se afastar por um tempo da atuação para dar uma atenção especial à sua técnica. A prática é conhecida, no mundo dos músicos de jazz, como a base de sua capacidade de improvisar.

Muitas vezes se cria uma inovação como, por exemplo, a técnica virtuosa do Stanley Jordan, que dedilha sua guitarra de uma maneira especial e peculiar. O artista é capaz de esquecer o que já sabe para explorar novas possibilidades. Lembro-me de um amigo saxofonista que me contou que, embora não tivesse um woodshed físico, de tempos e tempos fazia de conta que não sabia tocar, como um inocente, só para saber que tipo de som poderia tirar do seu instrumento.

Estamos preparados como Coaches para ajudar o cliente a entrar em uma espiral de autodesenvolvimento, como são dispostos a fazer os grandes mestres de jazz? Quem corre o risco de voltar para a incompetência depois de ter alcançado níveis invejáveis de desempenho? Os corajosos, talvez! De toda maneira, é muito importante ter uma espécie de confiança muito especial, que é muito mais do que um estado emocional. A confiança inclui uma fé que tudo valerá a pena, mesmo que não se saiba o que está por vir. Isso possibilita uma nova excursão na experiência de incompetência, sem que o valor próprio seja abalado por isso. Pelo contrário, o autoconceito é forte; a pessoa se acredita ser essencialmente capaz de se realizar. Sua competência se torna reflexiva – não precisa pensar sobre o que está fazendo, mas o faz para explorar ao máximo as possiblidades. É uma rica combinação de aprendizagem e criatividade que leva à evolução pessoal e profissional.

O educador brasileiro Vasco Moretti diz que a competência é a capacidade de mobilizar recursos pessoais numa situação complexa. Se fosse simples, não chamaríamos de competência, seria apenas uma habilidade. Eu mesma entendi, tempos atrás, que a maestria está em ficar beirando à margem da incompetência. Uma vez que se tenha alcançado o topo, se adquire um ponto de vista cuja altura permite enxergar o próximo pico. Alguns gostam de chamar a "incompetência" como "não competência", mas eu, pessoalmente, não tenho problema com isso. Para que fugir da incompetência temporária se ela é o início de uma expansão?

Como diz o palestrante e autor Mike Dooley: "Quando você começa uma nova jornada, é natural se sentir vulnerável. Afinal, pode pensar que tem muito para perder. Mas quero te lembrar de que jamais, em outro ponto na mesma jornada, terá tanto para ganhar".

> *Crenças de Autoeficácia*
> "*Pessoas que se consideram altamente eficazes pensam, agem e sentem-se diferentes daquelas que se percebem como ineficazes. As que se percebem eficazes produzem seu futuro, em vez de apenas prevê-lo.*"
> (Albert Bandura)

Albert Bandura é um psicólogo da Universidade de Stanford, especialista em ciência da cognição. Diferente de Skinner, Bandura acredita que a aquisição de habilidades, necessariamente, tem a ver com variáveis cognitivas internas. Ele orientou suas pesquisas com a intenção de investigar a relação entre as expectativas que as pessoas desenvolvem sobre a sua atuação e o resultado que obtém. Ele descobriu que o desempenho, ou a performance, aumenta em proporção ao aumento de percepção da própria autoeficácia. As crenças de autoeficácia somadas à habilidade resultam em uma atuação eficiente.

Há quatro fontes que geram uma apreciação da autoeficácia, relacionadas abaixo, em ordem de significância para o efeito de aumentar performance:

PERFORMANCE REAL

Esta fonte de crenças, que também se chama "maestria autodeclarada", é a mais forte de todas. O fato da própria pessoa já ter conseguido resultados concretos nesta habilidade é uma base sólida para acreditar em si mesmo.

APRENDIZAGEM VICÁRIA

A expectativa positiva vem de observar outros realizarem tarefas iguais ou semelhantes. "Se alguém consegue, eu consigo também". É por isso que tomar conhecimento de exemplos positivos e reais é tão importante. Se o exemplo de sucesso é um par, o efeito é mais forte ainda. "Gente como a gente conseguiu, então tenho certeza de poder conseguir também."

PERSUASÃO VERBAL

Alguém convence ou persuade que o indivíduo é capaz e com isso ele cria uma expectativa positiva. Da mesma forma que a aprendizagem vicária é mais forte com os pares, a persuasão verbal também é mais efetiva quando vem de alguém da mesma convivência.

Pistas Fisiológicas

Na hora da performance, há uma excitação emocional que dá pistas fisiológicas perceptíveis à própria pessoa. É o caso de ficar pilhado, com coração batendo forte, sentindo firmeza, que faz avaliar: "Vou emplacar um golaço!"

Dicas para Coaches

Levando em consideração o aspecto interno e subjetivo das expectativas e as respostas individuais ao processo de passar por uma fase de incompetência, compartilho algumas dicas para os Coaches:

• Dimensione a meta principal do Coaching com atenção para criar algo desafiador, mas não assoberbante.

• Saiba que "nada sucede como o sucesso". Isto quer dizer que pequenos sucessos aumentam a expectativa para grandes sucessos.

• Comunique que você acredita na competência inata da pessoa e a apoiará em momentos de desafios e de possível frustração.

• Crie uma "rede de segurança" e siga em frente, pois a ação supera a inércia — que só aumenta o temor de começar algo novo.

• Crie passos que são submetas importantes, para haver um senso constante de progresso.

• Saiba encontrar o propósito positivo por trás de eventuais rateadas, onde o cliente ameaça retroagir.

• Seja um "patrocinador" de verdade para seu coachee, faça com que ele saiba que você acredita na pessoa dele, independentemente de resultados — que podem ser transformados sempre, com ajustes e acréscimos de recursos.

• Use resultados para gerar motivação, para gerar o próximo resultado.

À medida que nós nos tornamos mais hábeis em determinada atividade, a "confiança sustentável" se desenvolve. E competência e confiança se tornam um circuito infinito de evolução.

Competência e confiança se tornam um moto contínuo, se retroalimentando, num ciclo espiral, infinito e crescente de evolução.

3

COACHING & PSICOLOGIA

As fontes de energia e dos recursos

Bernd Isert

Bernd Isert

Nasceu em Berlin em 1951, se formou em engenharia, mas após prisão política, em 1981 - se mudou para a Alemanha Ocidental, onde se concentrou nos estudos de comunicação e psicologia, incluindo uma variedade de treinamentos em PNL, aconselhamento sistêmico e cinesiologia.

Desde 1985, tem realizado, pelo Metaforum International, treinamentos em PNL e Coaching em diversos continentes e a cada ano vem desenvolvendo inovadoras formas de pensar e ensinar dentro do universo sistêmico.

Em seu trabalho combina uma variedade de modelos focados no desenvolvimento humano, como a PNL, o trabalho de mudança sistêmica e cinesiologia. Desenvolveu muitos novos modelos e formas de trabalho, tais como: e-NLP, Processos de Desenvolvimento Neuro-Linguístico, Sistemas de Diálogos, Coaching Integrativo, Journey-ups, entre outros.

É membro honorário da DVNLP, PNL Trainer e treinador em muitas Associações Educacionais e na Terapia Sistêmica para Stand Psicoterapia (DGfS). Autor das seguinte publicações:
- "A arte da comunicação criativa", Junfermann Verlag, Paderborn, 1998.
- "Raízes do Futuro", juntamente com Klaus Rentel, Paderborn, 2000.
- "A linguagem da mudança", juntamente com Klaus Rentel, Paderborn, 2000.

www.metaforum.com.br

Fontes e formas

Quais são os recursos?

Se queremos dominar as situações da vida, aprender com a experiência, fazer algo diferente, viver em equilíbrio ou ter saúde, precisamos de certas condições e ingredientes. Isso inclui tempo, ambiente adequado, comportamento correto, novos aprendizados, informações, habilidades, motivação, autoestima e comprometimento, para citar apenas alguns requisitos de diferentes níveis de experiência.

Recursos são potenciais que usamos como fontes de onde podemos tirar o que precisamos, supondo que temos acesso a eles. Quando conseguimos acessar em nós o recurso correto, obtido em uma experiência anterior, estamos perto da solução.

Do ponto de vista sistêmico, trabalhar com recursos para conectar e integrar experiências, estados e habilidades em um novo conjunto compensa desvios e deficiências. Todo indivíduo tem disponível uma quantidade potencial de recursos, que podem ser de ordem física, energétia, mental ou espiritual.

Onde podemos encontrá-los?

É possível buscar recursos na memória, saindo do aqui e agora, mas também na imaginação e no futuro. Podemos descobri-los em nossos corações e mentes, nossas habilidades, nossos corpos, nossa identidade. Ao nosso redor, encontramos recursos na natureza, em alimentos e, claro, na interação com os outros, em dar e receber, nas afiliações e nos relacionamentos.

Muito do que podemos fazer hoje é resultado de um processo de desenvolvimento. Isso se aplica tanto às nossas capacidades quanto ao nosso lugar na sociedade. As conquistas da nossa cultura são resultados de desenvolvimento, seja na arte, ciência ou internet.

Os representantes da PNL gostam do pressuposto de que qualquer um é capaz de encontrar os recursos de que precisa. Isso soa encorajador, mas é enganoso, porque ainda faltam recursos, aprendizagem e interações sistêmicas, que não são mencionados. É como se nós não tivéssemos o outro. No entanto, os recursos mais importantes vêm do outro, seja do ser amado, do toque, do sorriso de uma criança ou das palavras que ouvimos.

Nossa capacidade de entender o que é dito pode estar em nossos genes e na estrutura do nosso cérebro, mas para que ela possa aflorar precisamos das pessoas. Somos seres sociais. Adquirimos recursos diariamente no encontro e na interação com o meio em que vivemos. É importante estarmos cientes dessa possibilidade, a fim de não caírmos em uma autossuficiência aparente e olhar só para dentro. Há de se olhar também para o exterior a fim de atender diferentes níveis de experiência.

Recursos podem estar escondidos na concretização de uma ideia, nas relações sociais, na nossa espiritualidade, na sensibilidade ou no livro que lemos. Até mesmo personagens de ficção, heróis de filmes ou romances podem ser usados como exemplos de recursos. Pessoas espiritualizadas recebem orientação e energia de entidades espirituais, como seu eu superior ou outras fontes. Para outros, é o seu inconsciente ou partes internas a que podem recorrer. Mais uma vez, trata-se de pessoais reais, com quem mantemos uma relação: família de origem, filhos, parceiros, amigos e todos aqueles com quem compartilhamos a vida.

Neste grupo, incluímos o Coach, o consultor ou o terapeuta, cujo trabalho é dar suporte ao indivíduo, na medida em que demonstram empatia sem, contudo, deixarem seu ambiente. Suas perguntas promovem o diálogo interno e ajudam a garantir que o indivíduo irá enfrentar algo da ordem do consciente, criando novas ideias e experiências, mas isso acontece em silêncio. Em todas as formas de expressão, seja no canto ou na dança, ao rir ou chorar, vemos o corpo trabalhar. A expressão de algo que estava suprimido ou permanecia em aberto é especialmente valiosa.

Considerando, novamente, os processos de desenvolvimento, um novo comportamento é mais fácil de treinar do que uma nova identidade. Esta requer tempo e abundância suficiente de experiências individuais. Identidade e senso de pertencimento produzem efeito em muitos outros aspectos da vida ao mesmo tempo. Quem não quiser esperar até o processo esteja concluído, pode usar seus sentidos: símbolos, cores, luz, sons, palavras e toques têm o poder de viajar através do tempo e nos fazer bem.

Dentre as principais formas de termos acesso a recursos, destacamos debates, exercícios práticos e tentativas de aprendizado, bem como viagens interiores ou rituais simbólicos. Cada método foca em um tipo específico de recurso e fornece maneiras próprias de descobrir, desenvolver e explorar. Quero destacar os recursos necessários às pessoas no presente, a fim de implementar mudanças ou superar desafios: desde ambiente adequado e tempo até coragem e autoconfiança.

Ter um grupo de apoio também é muito importante. O presente e o futuro são em si potenciais fontes de recursos e uma oportunidade para compensar tudo o que nos faltou no passado. Pode ser que o indivíduo tenha que viver sua vida de uma forma diferente, a fim de acessar esta fonte e trabalhar antigas deficiências através de novas experiências. Isso pode fazer diferença em suas vidas, uma vez que amplia seus horizontes e chama a atenção para situações que permitem novas experiências e aprendizados. Afinal de contas, uma experiência só será útil se for vivenciada e integrada.

Construindo sobre o outro

Geralmente, só encontramos acesso a determinados recursos quando já acessamos os demais, ou seja, um recurso é pré-requisito para o acesso a outro. Assim, podemos diferenciar os recursos como sendo de primeira, segunda ou terceira ordem. Aqueles que são usados em primeiro são chamados "recursos de acesso". Em alguns casos, é importante que mais recursos sejam utilizados em paralelo ou em uma interação estratégica como entre os níveis físico, mental e emocional. Se tomarmos consciência dos ingredientes de que precisamos para resolver um problema, nós podemos construir nosso caminho, encontrando-os em nosso mundo da experiência.

A intensidade de cada ingrediente é importante. Às vezes, precisamos de mais experiência, a fim de evocar em nós um recurso particularmente poderoso. É como dar uma nova forma às experiências individuais, o que é mais do que a soma de suas partes. O indivíduo reúne os ingredientes na sua vida e faz "pilhas" que remetem a um pacote de recursos que ele, simbolicamente, carrega para onde precisar. O Coach ou terapeuta pode auxiliar o processo oferecendo ao indivíduo qualquer recurso complementar, como se todos os recursos estivessem guardados. Podemos nos perguntar que recurso pode se desenvolver no futuro se outro recurso já está presente. Talvez, a segurança seja um pré-requisito para a paz e a tranquilidade. Isso pode nos trazer alegria e força. Assim, é possível encontrar os recursos mais profundos do seu ser e, finalmente, descobrir que eles estão disponíveis para nós, livres de pré-condições.

O contato com o interior é uma forma importante de termos acesso aos recursos escondidos e disponíveis. Algumas pessoas falam com seu interior, ouvem a voz do seu inconsciente, recebem sinais internos que dialogam com partes de sua personalidade. Muito ganharemos se prestarmos atenção às nossas percepções, incluindo-as no nosso desenvolvimento, se levarmos a sério não só as nossas mentes, mas também os nossos sentidos. Ganharemos ainda mais se houver uma ponte entre os dois, se eles puderem trocar ideias e escolher.

A arte do diálogo com o interior coloca à nossa disposição muitas fontes de conhecimento, recursos e novas decisões. Isso também é válido para o contato com as pessoas e também se aplica à troca com a natureza ou com o mundo espiritual.

Como podemos vivenciar os recursos

Vivenciar um recurso pode consistir em palavras, imagens, sons, sentimentos, ações, símbolos e muito mais. Cada sistema sensorial faz sua parte no processo. Para compensar deficiências, os recursos devem ter um impacto maior sobre os indivíduos. Às vezes, apenas o conteúdo é decisivo; em outros casos, porém, diz respeito a mais coisa. Alegria, por exemplo, pode ser uma simples palavra, um único evento ou uma coleção inteira de experiências que alguém teve na vida. Talvez o termo esteja associado a uma miraculosa experiência em tenra idade, talvez seja parte de um símbolo, uma música ou uma dança. Um indivíduo pode buscar uma fonte mais profunda de sua alegria, talvez ele a sinta em si mesmo, positivamente, no mundo espiritual. Quem encontra o acesso à fonte, pode extrair dela energia vital continuamente.

O uso de recursos apropriados

Recursos para quê?

Os recursos devem torná-lo capaz de resolver os problemas. Mas o que é um problema e qual é a solução? Uma boa preparação para abordar o problema, com todas as suas facetas, facilita descobrir o que é necessário e eficaz, o que supera uma deficiência prévia ou anterior unilateralidade. Isso precisa ser acompanhado pelos bons sentimentos. Há a oportunidade de perguntar ao indivíduo o que ele precisa, segundo seu ponto de vista. Ele pode, mas não precisa liderar o caminho na direção certa.

A escolha dos recursos adequados continuará dependendo das metas ou etapas de aprendizagem mais importantes para o cliente. Cada direção pode exigir outros recursos. Ele lidava melhor com determinadas situações antes ou depois da mudança? Isso continua a alterar suas experiências interiores ou visão de mundo, ou é importante para melhorar sua vida e o mundo exterior? Às vezes, os dois andam de mãos dadas. Os recursos adequados devem estimulá-lo a continuar as fases do desenvolvimento e não desistir.

Mesmo eventos simples nos oferecem muitas oportunidades para integrar recursos. Se um homem cai de uma árvore, é importante confortá-lo e cuidar dele, ou apoiá-lo para que ele expresse sua dor; talvez fique mais atento ao subir na árvore ou talvez nem suba. Para prepará-lo, talvez pudesse ter praticado ou recebido alguma orientação. Talvez o aviso de um amigo tivesse sido importante, mas para isso também poderia ter usado recursos. Tudo isso pressupõe que já sabemos o que aconteceu e eventos do passado distante pedem, em primeiro lugar, para serem encontrados novamente.

A fim de processar experiências, o indivíduo pode fornecer recursos para outras pessoas. Assim, ele pode ver como seria se todos pudessem tratar bem uns aos outros, por exemplo. Em outros casos, é melhor ver o estado das pessoas envolvidas inalterado e deixá-las encontrar melhores opções de resposta. Podemos nos concentrar no que um indivíduo precisa ou nos recursos que são importantes para todo o sistema.

Às vezes, tentamos resolver o problema errado. Isso pode acontecer quando as experiências processadas estão longe das reais dificuldades do indivíduo, quando as verdadeiras causas ainda não foram encontradas ou quando os problemas mencionados são meras estratégias de diversão ou fuga, talvez com a intenção de evitar uma dor. Nós, então, levamos os recursos "certos" até onde estão faltando. O Coach ou terapeuta que tem uma percepção clara, que reconhece e aproveita a oportunidade para continuar aprendendo com seus clientes, encontra a verdadeira solução para ambos. Ele deve prestar atenção e observar se o indivíduo encontrou os recursos realmente adequados para si e/ou outras partes interessadas. Somente o que desencadeia um aumento de energia fisicamente perceptível ou um novo equilíbrio interno é considerado eficaz.

Estágios de desenvolvimento

Os tipos de recursos necessários mudam significativamente nas diferentes fases do ciclo de vida e com as necessidades de desenvolvimento e aprendizagem de uma pessoa. Quando tem segurança e confiança nos estágios iniciais, mais tarde terá necessidade de autonomia e relações sociais equilibradas. Posteriormente, produtividade criativa, que se torna mais importante, cria valores, ideias e autorrealização duradouros. O que o homem recebe uma vez, mais tarde aprende a passar para os outros. Quando se trata de uma questão como a solidão, um bebê precisa de recursos diferentes de uma criança, um adolescente ou um adulto. Quanto mais jovem a criança, mais importante é a atenção positiva de outras pessoas. Nesse caso, os outros devem ser equipados com os recursos necessários para fazê-lo.

Mais tarde, é importante que o indivíduo tenha mais de suas próprias habilidades para socializar e construir relacionamentos. Para os jovens, isso acontece em situações críticas, talvez a ponto de serem assertivos ou construírem barreiras. Por outro lado, uma criança precisa ter uma experiência de estima e pertencimento para desenvolver as habilidades que o adulto precisará posteriormente.

Problemas diferentes requerem recursos adequados. Vamos resumir aqui alguns aspectos?

• Uma experiência de restrição do passado pode ter um efeito completamente diferente na vida do indivíduo, conduzindo a diferentes conclusões, dando-lhe um significado diferente ou outro entendimento do contexto. Junto com isso, há uma nova maneira de compreender os outros. É claro que o resultado da mudança de processamento e interpretação são outras possibilidades de comportamento do indivíduo. Em todos os casos, é como se ele encontrasse uma outra resposta interior à experiência, como ele já havia encontrado anteriormente. Se todo pensamento, sentimento e ação, ou seja, nosso modelo de mundo, podem ser concebidos como uma resposta às experiências, então podemos entender qualquer tipo de mudança nessa área como uma nova aprendizagem ou nova resposta.

• Às vezes, simplesmente falta ao indivíduo experiências positivas importantes e é essencial quebrar o padrão antigo e vivenciar sua nova realidade. Como todo o sistema é abastecido de recursos, o indivíduo pode assumir o papel de seu self mais jovem e sentir, ver e ouvir a experiência de realização. Algumas necessidades não atendidas e a falta de alguma etapa de desenvolvimento podem ser satisfeitas desta maneira. Nem sempre é possível conseguir alguma coisa, mas pode ser necessário dar-lhe ou dizer-lhe algo, pois isso seria um passo importante para o desenvolvimento de si mesmo. Nada disso aconteceu no passado. Assim, as chances de ter os indivíduos no presente e no futuro são de grande importância, de modo a compensar a falta do passado com novas experiências e ações positivas.

• Muitas vezes, o indivíduo deseja obter melhores formas de lidar com uma situação difícil ou alcançar algo que anteriormente não foi possível. Primeiramente, ele busca desenvolver novas habilidades e comportamentos adequados. Nem sempre isso é suficiente, pois crenças, valores ou outros níveis de experiência podem ser importantes. Os recursos necessários dependem de seus objetivos. Claro que nem todas as metas são realmente benéficas, algumas são apenas mais uma expressão do problema anterior. Portanto, é importante investigar os objetivos no que diz respeito à sua função e aos seus efeitos.

• Relacionamentos com algumas pessoas podem inspirar ou bloquear nossas vidas. Se for necessário esclarecer os relacionamentos ou até mesmo curá-los, os primeiros recursos devem ser voltados para uma comunicação clara e respeitosa, o que inclui a capacidade de influenciar os outros. Nesse sentido, dar e receber é um tema central, assim como respeito mútuo. Idealmente, os participantes aprendem a dar e receber o que corresponde à sua posição em relação ao outro e, às vezes, eles ainda precisam encontrar esta posição. Uma solução é viável se for adequada a todos os envolvidos.

• Se outras pessoas, aquelas importantes em nossa vida, colocam em evidências nossas deficiências e dificuldades, o self mais jovem é diretamente afetado. Então, muitas vezes falta experiência de como uma relação satisfatória poderia ser. Assim, faz sentido criar um modelo interno desta relação, o que vai refletir na forma de ser e sentir. Parte disso acontece porque as pessoas de referência envolvidas encontram acesso aos seus recursos e podem contribuir para esse desenvolvimento. Os cuidadores estão conscientes de nós o tempo todo e tornam-se, inconscientemente, modelos em determinadas áreas da vida. Ao tornarmos os recursos internos disponíveis, compartilhamos tanto a antiga experiência quanto as atuais ações. Criamos modelos do que é uma vida melhor.

Princípio de contraste

Uma boa maneira de encontrar recursos adequados é fazendo comparações. Se somos capazes de comparar várias experiências, algumas das quais positivas e outras insatisfatórias, vale a pena descobrir a diferença que faz diferença, pois identificar o que é bom e não tão bom atrai o sucesso por si só.

As características de ambas experiências, positivas e negativas, não podem ser responsáveis por essa diferença. Por exemplo, se se trata de sucesso ou fracasso de uma palestra, utilizemos fatos da vida dos indivíduos de ambas as variantes. Tanto sucesso quanto fracasso aconteceram em grupos grandes e pequenos, que passaram por uma boa preparação e abordaram o mesmo assunto. Assim, essas características não fazem diferença. Por outro lado, e se uma determinada pessoa sentada na plateia balança a cabeça negativamente? Como estamos buscando recursos que estejam disponíveis para estabelecer a diferença e deduzir os critérios a partir do quais podemos desenvolver nossa comparação, pode ser importante tomar todas as medidas necessárias para que o sujeito em análise note a presença do ouvinte descontente e também seja lembrado de todas as experiências negativas anteriores.

Em uma escala maior, o princípio do contraste é um tipo de pesquisa que cobre diferentes áreas da vida. Com base neste princípio, analisa-se, por exemplo, a diferença entre pacientes HIV positivos e as pessoas que não têm o vírus. Nos primeiros estudos de PNL, compararam-se crianças com dificuldade de ortografia e aquelas que escreviam muito bem. Verificou-se que estas eram capazes de ver as palavras escritas e copiá-las, ao passo que aquelas só tinham o som das palavras. Daí podemos extrair um importante recurso para abordar a questão da ortografia: ensinar as crianças a fazer imagens mentais das palavras, o que, no entanto, só é possível depois que elas, ludicamente, aprendem a visualizá-las.

Recursos selecionados

Aprender, entender e deixar ir

Se considerarmos o que cada experiência e cada sentimento querem nos dizer ou ensinar algo, entendemos por que eles insistem em bater até que aceitemos sua mensagem. Às vezes, nós nos recusamos a entender uma mensagem, pois pode ir de encontro a um desejo, causar sofrimento ou ser associada a um problema. Além disso, você deve aprender a se sustentar em seus próprios pés ou expressar algo com que está sendo constantemente bombardeado e do qual não precisa. Basta pensar na capacidade de dizer "sim" ou "não". Se bem-sucedidas, a mensagem e a experiência de aprendizagem, que estão escondidas atrás de um sentimento ou evento e que trazem sofrimento, recebem permissão para passar. Muitas vezes, isso acontece como um passe de mágica.

Partes da personalidade

Podemos imaginar que um indivíduo tem diferentes traços de personalidade que querem encontrar diferentes intenções positivas para si, mesmo que não goste do fato de que as coisas nem sempre acabam bem. Quanto maior a eficácia e variedade das opções disponíveis para cumprir este fim, melhor. Este recurso pode crescer e amadurecer para ajudá-lo. Se um aspecto da vida do indivíduo está mudando, muitas vezes esta mudança atinge outros setores em que este recurso é necessário.

Os traços de personalidade estão relacionados e fazem trocas. Muitas vezes, uma pessoa tem os recursos de que outra pessoa necessita e pode compartilhá-los, desde que ambas tenham apreço uma pela outra. As partes bem desenvolvidas da personalidade não são apenas consumidoras de recursos, mas também fontes. Podemos considerar recurso de apoio cada parte de sua personalidade, como a criança interior, o inconsciente ou o eu superior. Nos tempos antigos, as pessoas adoravam vários deuses, com os quais tinham muito em comum, como traços de personalidade. O culto, seja por meio de rituais, oferendas ou cerimônias, foi incorporado ao estilo de vida das pessoas, essas forças estão carregadas de energia. De particular valor, se os nossos traços de personalidade são bem tolerados, estão sempre em troca, se complementam. A interação de todas as partes, que podemos interpretar como um recurso valioso, nos ajuda a enfrentar os diversos desafios de nossas vidas.

Recursos para relacionamentos e sistemas

Nossas relações sociais são a chave do aprendizado de dar e receber, de pertencer a algo que é maior do que a soma dos indivíduos. Relações e associações podem ser poderosas fontes de recursos, mas também fontes de estresse, infelicidade ou confusão. Assim, para que elas se desenvolvam, necessitam de um tipo especial de recursos. Quando se trata, por exemplo, de trocas e contatos, as habilidades de se expressar e compreender os outros são recursos importantes. Essa percepção precisa de feedback e experiência de vida. A troca é bem-sucedida a longo prazo e somente se ambos os lados ganharem. Portanto, as pessoas devem estar de acordo com as suas necessidades e seu estado de desenvolvimento, para juntas acreditarem que isso é possível.

Dentro de um sistema social, é de grande importância que as partes assumam seus lugares, certas funções, seguindo uma classificação, mas também estabeleçam proximidade e distância adequadas, de acordo com as outras partes interessadas.

Além disso, devem tratar uns aos outros com respeito. Isso não significa que todos deveriam gostar uns dos outros, mas todos sabemos a importância de reconhecer e valorizar a existência e o destino de outro, de modo que ninguém se sinta excluído, desvalorizado ou negado. Nesse sentido, as pessoas podem dar aos outros o que receberam. Às vezes, isso também demanda esclarecimento, porque requer que os membros de uma comunidade assumam papéis, responsabilidades e até mesmo o destino dos outros. Isto é para qualquer uma das partes e enfraquece o sistema, porque sobrecarrega alguns enquanto outros fogem ou evitam sua própria aprendizagem e as etapas para assumir o controle da própria vida.

A lei de dar e receber existe dentro de cada um, assinalando as variáveis de estilos de vida, que devem ser respeitados. Todos os recursos já mencionados para os sistemas sociais são temas importantes no trabalho sobre mudanças com constelações sistêmicas. No trabalho com reimprint e com equipes também são significativos. Em ambos os casos, as diferenças são esclarecidas e novas experiências são criadas, permitindo vivenciar o sistema que mantém os recursos.

DESENVOLVIMENTO PESSOAL COMPLETO

Muitas deficiências estão relacionadas ao fato de que, quando crianças, não recebemos o que precisávamos ou esperávamos, ou talvez recebemos o oposto. Alguma coisa em nós ainda espera para, finalmente, ser satisfeita, uma expectativa que ainda é dirigida para aquele cuidador que não tinha tempo para o que queríamos. Muitas vezes, quando mais velhos, buscamos pessoas que, mais uma vez, não são capazes de dar o que queremos.

Um recurso essencial ao trabalho e, principalmente, ao reimprint, é abandonar antigas expectativas e até mesmo assumir a responsabilidade de cuidar do self mais jovem, dando o que ele precisa. Podemos fazer isso porque nós revivemos a experiência anterior de forma plena. Isso também pode ser útil para acessar plenamente os recursos dos cuidadores anteriores, para que eles possam dar ao self mais jovem o que ele estava procurando. Basicamente, damos o que ele queria e tornamos a experiência poderosa, o que é particularmente bem aceitável, e abrem-se as maiores oportunidades para novas aprendizagens e para o processamento da antiga deficiência.

Ao criar uma nova imagem interior, oferecemos recursos que são um passo além no autodesenvolvimento, porque complementamos as imagens internas de seus antigos papéis. Esta é, possivelmente, uma porção reprimida e internalizada do nosso ser e é hora de abandoná-la para aceitarmos modelos positivos. De muitas maneiras, podemos acessar a experiência anterior não transformada, que foi adquirida no decorrer da vida e não foi capaz de chegar lá. E se nós mesmos não somos capazes de encontrar os meios, temos a capacidade de encontrar as pessoas certas, incluindo as pessoas de nosso convívio.

No filme "O garoto", de Charles Chaplin, o grande Charly está o tempo todo às voltas com o menino, seu eu mais jovem. Ele se encontrou com ele em virtude de suas habilidades como adulto e seus desejos, e mostra-lhe o mundo.

Da impotência para agir

Às vezes, temos a sensação de que estamos à mercê de coisas, pessoas e situações, incapazes de fazer algo que promova mudanças. Além disso, pode ser que não conheçamos o cenário em que estamos inseridos. Portanto, nenhum planejamento antecipado é possível, estamos no escuro, expostos ao que está por vir. Nada é mais valioso do que entrar em um mundo assim com uma lanterna na mão e, pela primeira vez, lançar luz sobre algumas etapas. De repente, perceber que nós temos a capacidade de planejar e determinar onde estamos indo.

Ao lidar com pessoas, esta é a descoberta da possibilidade da própria influência. Às vezes, nós começamos esta descoberta reconhecendo que é possível fazer algo pior. Isso já é alguma coisa. Então descobrimos o que influencia nosso modo de pensar e agir e o que faz as coisas melhorarem. Com o tempo, é possível mover-se com segurança em um terreno já familiar e ter a opção de escolher aonde ir. O recurso da ação é muitas vezes desenvolvido em pequenas etapas de tentativa e erro, através de ensaios e experimentos. Na terapia breve focada na solução, a elaboração de tais recursos desempenha um papel importante. Além disso, mantenha um diálogo ativo com o Coach ou terapeuta, cujas perguntas e observação das tarefas são uma contribuição importante.

Uma visão diferente

O que percebemos a partir de um novo ângulo, sob a perspectiva de novas conexões em nosso sistema nervoso, faz parte de um contexto mais amplo ou nos revela a sua verdadeira natureza. A provocação também pode ser um caminho para chegar lá. Entre as mais importantes formas de reinterpretação, chamada reenquadramento, está a consciência da intenção positiva que pode estar escondida atrás de um comportamento, a atribuição de um comportamento a contextos e situações de vida, identificando os efeitos positivos ou negativos do comportamento e, não menos importante, o comportamento que gera um novo significado.

Além disso, há também as novas perspectivas que podem facilmente resultar na mudança de percepção da posição, olhando para algo do lado de fora, para nos colocar no lugar de outras pessoas e olhar para alguma coisa a partir da perspectiva do futuro ou a partir da perspectiva do passado. Vistas pelos olhos de um homem sábio ou uma criança, as coisas parecem diferentes.

Tudo isso guarda grande potencial de solução para os problemas que são baseados em uma unilateralidade da percepção e interpretação. Uma vez que todo o sistema será visto, a verdade multidimensional será revelada. Essas são novas formas de extrair o melhor do indivíduo, com o apoio do Coach ou terapeuta, que orienta o diálogo para novos campos de percepção.

Informação e mensagens

Às vezes, é bom ouvir certas coisas, novas perspectivas, comentários, observações, explicações, ideias ou outras mensagens. O melhor que pode acontecer neste contexto é que o diálogo seja conduzido de modo que o indivíduo chegue, naturalmente, a novos conhecimentos ou à descoberta da inconsistência de condenações anteriores. Em outros casos, é apropriado que ele aprenda coisas importantes sobre si mesmo, as relações e as tarefas com alguém do ambiente externo, como um parceiro ou outros participantes de seu sistema social. É claro que mensagens valiosas também podem vir do seu interior ou de fontes espirituais. O que quer que o Coach ou terapeuta diga, tem que ser de forma genuína e com o coração. Informações e mensagens também podem ser importantes para outras partes interessadas do sistema do indivíduo, ganhando novas perspectivas e possibilidades de ação, o que acontece particularmente no trabalho com experiências da fase inicial.

O tempo antes, o tempo depois

Antes de cada evento, em qualquer sentido, há um tempo em que tudo é diferente, em que talvez certas coisas ainda não haviam acontecido. Vivenciar este passado é, muitas vezes, um ótimo recurso quando se trata de encontrar alternativas para velhos hábitos. Talvez a experiência da inocência, da segurança, da liberdade ou qualquer outra coisa que estivesse antes de um evento drástico. Ao passar pela experiência de aprendizagem, é como se o passado voltasse novamente, trazendo novamente a sensação de algo que foi perdido. Da mesma forma, podemos usar o futuro perfeito como recurso, o tempo em que tudo vai acabar: esquecer o caminho percorrido, reunir informações, transmitir segurança e confiança. Esta é uma boa maneira de lidar com o medo do palco.

Níveis de experiência

Cada experiência pode ser atribuída a níveis específicos de experiência, os chamados níveis neurológicos, desenvolvidos por Robert Dilts, a saber:

- Espiritualidade
- Pertencimento (este nível sistêmico foi complementado por Bernd Isert)
- Identidade
- Valores e crenças
- Capacidades
- Comportamento
- Ambiente

Quando descobrimos em que nível está a deficiência do indivíduo, muitas vezes faz sentido recorrer a um recurso que está em um nível mais elevado. Se o ambiente é o problema, como dificuldade para agir, devemos assegurar as competências suficientes. Diante da incapacidade de desenvolver certas habilidades, devemos nos preocupar com os valores e crenças do indivíduo. Estas são significativamente afetadas por sua identidade que, por sua vez, é afetada por sua filiação social. Claro que todos os níveis interagem e outras soluções são bem-vindas. Nossa análise é uma estratégia simplificada, porém prática, para iniciar a busca de recursos. Quanto mais alto o nível, mais intensa e fundamental a ação que instalou as fontes de energia sobre o indivíduo.

Feedback e mecanismos de controle

As pessoas mantêm suas vidas em transição em razão de tudo o que é bom para elas, para fortalecer ou estabilizar. O que elas não querem, no entanto, procuram corrigir ou evitar. Mas e se não sabemos exatamente o que estamos fazendo bem ou se não percebemos onde estamos? Então, temos dificuldade de estabelecer critérios de controle interno. Estamos à deriva, como uma folha ao vento.

Para esses casos, os recursos são óbvios: incluem tornar-se consciente de novo do que é desejável e importante, seja através de objetivos bem definidos, lembranças ou modelos internos de prioridades. Por outro lado, às vezes é importante obter feedback sobre onde estamos. Devido à nossa própria cegueira, outras pessoas desempenham um papel importante. Tudo o que fazemos a fim de alcançar objetivos ou evitar problemas precisa de informações constantes sobre o impacto de nossas ações. As escolhas estão, realmente, nos levando na direção certa? O impacto do nosso comportamento em outras pessoas é particularmente importante. O feedback nos permite corrigir o caminho e aprender coisas novas. O nosso modelo do mundo é testado no terreno da vida. Se a prática não corresponder à teoria, esta precisa mudar.

Expressão e experiência

O que foi ocultado ao longo de anos ou décadas, que foi escondido aí dentro, caminha dentro do corpo, circula no sistema nervoso e afeta a vitalidade. Liberar parece ser o ato de, finalmente, permitir-se chorar ou rir, ter raiva ou deixar ir. Quem não faz isso, é claro, não encontra nenhuma mudança. Tal como acontece com todos os recursos, isso se encontrava no que estava faltando até agora, naquilo que não poderia ser ou que não foi notado. Se um sentimento pode ser nomeado e a área do corpo com o qual está associada percebida e tocada pelas mãos, o efeito é ainda mais profundo. Além de emoções, há muitas outras coisas que vão, finalmente, ser exteriorizadas: as palavras que querem dizer ou uma ação que esperou um longo tempo porque era um fardo. Em todos esses casos, com o trabalho, o indivíduo começa a perceber-se e aceitar-se como realmente é.

Nosso corpo é o lugar onde tudo isso acontece, o que nos move, motiva, estressa ou anima. Ele reage aos pensamentos, ideias e experiências com sentimentos, tensão muscular, fadiga ou frescor. Quando as pessoas trabalham em conjunto com a linguagem e a consciência, muitas vezes têm pouco acesso a oportunidades para trazer recursos para a dimensão do físico. Movimento e contato são as principais maneiras de fazer isso. Além de alimentação saudável, ar, luz e um ritmo de vida saudável.

Quem sabe perceber o quanto movimentos e toques ajudam um indivíduo pode incluir essa abordagem em seu trabalho. Um papel especial é desempenhado pela cinesiologia, uma forma de se comunicar diretamente com o corpo para coletar feedback do organismo e pedir orientações de vários tipos. Isso pode ser constatado por informações e movimentos detalhados e do estado neurofisiológico de uma pessoa, que trazem um novo equilíbrio, o que lhe confere um potencial de aprendizagem muito diferente, pois este é o caso, por exemplo, quando um cérebro é desligado.

Mesmo fobias e alergias podem ser resolvidas desta forma em um curto espaço de tempo. Além da cinesiologia, há muitas outras maneiras de trazer novo equilíbrio para o corpo e a mente. Considerando apenas os métodos, temos Hakomi, o trabalho Feldenkrais ou de Rolfing. Quem sabe usar técnicas orientadas para o corpo no trabalho de mudança cognitiva tem sucesso, desde que, junto com o método, utilize as palavras certas e dê orientações precisas e cientificamente aprovadas para a ação. Por outro lado, no campo do trabalho orientado ao corpo, muitas vezes faltam recursos destinados ao trabalho com as experiências de vida do indivíduo.

Energia

Algumas pessoas questionam sobre o que esse termo tem beneficiado o trabalho com as pessoas. No entanto, é necessário e está ligado a muitos significados do mundo da experiência: uma pessoa tem uma grande quantidade de energia, coloca energia em algo, outra pessoa dá energia ou algo custa muita energia. Podemos atribuir o termo à condição neurofisiológica das pessoas, mas também para designar suas intenções, sua motivação e seu estilo.

Os antigos chineses já falavam da energia vida – chi –, fluxos invisíveis, mas sutilmente perceptíveis através do nosso corpo; os indianos conhecem a aura, um campo de energia que nos rodeia. A ciência até agora sabe muito pouco o que tem a ver com isso, mas muitas pessoas têm grandes benefícios do trabalho com energia, incluindo os exercícios de meditação do Tai Chi e Qi Gong, que são formas especiais de visualização, iluminação ou de trabalhar com símbolos e ideias espirituais.

A energia é ainda trazida para outras pessoas pelo poder da imaginação, como um recurso em situações críticas. A escola de Reiki ensina uma forma de transferência de energia de uma pessoa para outra, em que o doador se vê como um canal do universo. Independentemente do modelo explicativo selecionado, vemos em todas as formas de trabalho de energia expressões de efeitos fortes e visíveis que lembram nosso estado neurofisiológico, nosso foco e nossa imaginação sobre outras pessoas e situações que esperamos acontecer.

Efeitos também acontecem quando não fazemos nenhum trabalho consciente com a energia. A qualidade da energia é muitas vezes descrita pelo termo vibração que, para ficar com a energia da luz, simboliza a cor da luz. Energia, enquanto vibração, pode vir de pessoas, mas também de plantas, animais, músicas, clima, paisagens. Ela é, deliberadamente, utilizada como um recurso ao trabalhar com fontes de vibração, tais como cores, pedras preciosas, música, essências de flores e, não menos importante, homeopatia. O segredo é encontrar o que funciona. Boas vibrações são importantes não só entre as pessoas.

Complementar e equilibrar

Se nos perguntarmos qual recurso é mais apropriado e útil para alcançar abundância, encontraremos a resposta com o indivíduo. Suas reações são o ponto de referência, independente daquilo que oferecemos. Ela é a convidada que espera seu par com um menu de possibilidades. No entanto, parece haver princípios pelos quais certas formas de trabalho e certos recursos têm um impacto maior do que outros. Um deles parece ter a ver com o indivíduo encontrar um complemento para o que ele vivenciou até agora. Tanto a operação quanto o recurso devem, portanto, promover algo que estava faltando ou foi subestimado e, assim, preencher a lacuna.

Quem vive constantes tensões mentais precisa de acesso à sua intuição, que está ligada à imaginação, estruturas claras e feedback. Quem só pensa em si mesmo deve aprender a compreender e incluir outros e, caso viva no passado, precisa de uma orientação para o presente e o futuro. Em duas áreas, o princípio da complementaridade e equilíbrio desempenha um papel especial: a atenção do indivídio em si e seus valores compõem sua motivação orientada para o mundo. Consideramos uma série de centros de atenção, que se complementam entre si e, consequentemente, ambos querem ser representados na vida do indivíduo. Para citar alguns, a atenção se move entre:

Específico	Geral
Orientado para o interior	Orientado para o exterior
Busca de semelhanças	Busca de diferenças
Percepção linear	Percepção simultânea
Evitar	Alcançar
Envolvidos	Observador
Foco no interior	Foco no exterior
Relacionado a si mesmo	Relacionado a outros
Lógico	Intuitivo
Planejado	Espontâneo

O que estava faltando até o momento torna-se automaticamente um recurso ou a pavimentação do caminho para outros recursos. Isso também é válido para o tipo e estilo do trabalho de mudança, porque todas essas formas de atenção são utilizadas ao londo de todo o processo.

Os valores constituem outra grande área sensível à polarização. Geralmente, ele está intimamente ligado à atenção. Para quem só pensa em poder, talvez devêssemos prestar homenagem ao prazer; o altruísta pode, tranquilamente, incluir um toque de egoísmo em sua vida; quem coloca a liberdade acima de tudo pode experimentar um pouco de conexão. Se um único valor domina nossas vidas, com o tempo perdemos energia e vitalidade. Todas as outras partes de nós, representantes de outros valores, certamente encontram uma maneira de vir à mente. Muitas vezes, antes de encontrar equilíbrio interior ou criar uma nova vida, é necessário primeiro processar a experiência de restrição do passado. Quem nunca experimentou como identificar um valor importante, significativo na vida, tem que começar a aprender de novo.

Trazer recursos para a vida

Às vezes, o recurso encontra o seu caminho em nós por si mesmo e termina exatamente onde nós precisamos dele. Considerando a plena posse de recursos para experiências difíceis, eles mudam, muitas vezes as soluções emergem, notamos um novo equilíbrio. Um segredo da transferência de recursos, portanto, parece ser a capacidade de experimentar tanto o recurso quanto a área da vida onde ele é necessário, consciente ou inconscientemente, e os dois juntos. Vamos agora descrever como isso pode ser conscientemente projetado em um processo clássico de aprendizagem.

Estados e condições

Para que estas experiências estejam presentes e acessíveis, precisamos trabalhar com os recursos que o indivíduo compartilha de seu mundo de experiência em forma de estados ou condições que o separam de cada experiência, mas entre as quais ele pode mudar. O arranjo típico envolve o estado do problema – a experiência que busca solução e mudança – e o estado dos recursos – no qual o indivíduo encontra os recursos necessários, bem como um estado neutro, no aqui e agora, que serve como uma posição de observador. Quando falamos de "estados", queremos dizer, a rigor, todo padrão de funções psicofisiológicas que está ligado às respectivas experiências e, por uma questão de legibilidade, vamos utilizar uma linguagem mais simples. O espectro de estados pode ser complementado de acordo com a questão do indivíduo e o processo de trabalho. Assim como o estado de destino, o estado criativo do transe, o estado de aprendizagem e de integração também devem ser considerados. Cada estado é associado a experiências de determinadas épocas e posições perceptivas. O indivíduo pode encontrá-los em sua própria vida e também colocá-la no mundo da experiência de outras pessoas.

O que nos sustenta na capacidade de vivenciar situações e estados separadamente? Por exemplo, o indivíduo atribui certas experiências a espaços previamente marcados no chão e, ao entrar nestes espaços, lista as sensações interiores. Além disso, fases da vida também são marcadores de situações e experiências específicas, que podem ser os estados do problema, os estados dos recursos, entre outros. O movimento por diferentes estados pode, é claro, também ser feito internamente, com os olhos fechados, em que o indivíduo pode ser guiado pelas palavras do Coach ou terapeuta. Um trabalho de suporte é feito com os respectivos estados de associação, incluindo aqueles que são renegociados, como a conexão de uma experiência ao toque correspondente. Este princípio de ancoragem faz a transição entre os estados. Repetindo um contato primário, o indivíduo é incentivado a reeditar internamente a situação a ele associada. Claro que palavras também são utilizadas para isso. É importante que a mudança interior do indivíduo entre os estados realmente tenha sucesso, ou seja, que os sentimentos e as imagens de um estado dentro de outro enfraqueçam ou, eventualmente, desapareçam.

A "pureza" dos estados e sua verificação nas respostas fisiológicas dos indivíduos pertencem às funções especiais do Coach ou terapeuta. Ele presta atenção a sinais como expressão facial, respiração, movimentos involuntários etc., associados às respectivas experiências internas e pode, portanto, determinar se e como o mundo da experiência do indivíduo realmente mudou. Para aqueles que aplicam a técnica em si mesmos, esta é apenas a autopercepção e exige uma certa disciplina para situar-se entre experiências e estados.

INTEGRAR RECURSOS

Depois de conhecer o princípio da alternância entre os estados, fica fácil entender como proceder com o trabalho, para o qual há muitas variações. Normalmente, o indivíduo começa pela descoberta do ciclo de vida – estado do problema, mas apenas na intensidade necessária para trazer à consciência todas as informações e os sentimentos. Para reduzir a intensidade, há a opção de olhar para a experiência do lado de fora. Depois que o cliente tem experiência suficiente do estado de problema, ele vai para uma posição neutra ou de observador. Nesta posição, ele deve ser capaz de descobrir o que estava faltando na situação-problema e de quais recursos ele precisava, a fim de mudar positivamente. Em seguida, é o momento de disponibilizar os recursos necessários. Para isso, o indivíduo procura em sua experiência de vida o momento em que teve acesso a esses recursos e vivencia-os interna e intensamente.

Além disso, há muitas fontes de recursos: aqueles que surgem na troca entre indivíduo e Coach ou terapeuta, aqueles reunidos por exemplos, modelos ou outras pessoas e aqueles que são criados na imaginação. Uma vez que o indivíduo tenha vivenciado o recurso de maneira intensa o suficiente, ele pode passar para seu outro eu na situação-problema. Isso pode ser iniciado por uma visualização em que, simbolicamente, "envia" os recursos de experiência. Há, naturalmente, muitas outras formas de acessar os recursos em questão, como o outro eu simbólico ou um ritual. O indivíduo, no estado de recursos, pode imaginar, por exemplo, tocar seu "outro eu" para sussurar em seu ouvido cores, músicas, imagens e, portanto, habilidades, crenças ou autoestima.

Posteriormente, o indivíduo se move para a posição do outro eu e experimenta como é receber o recurso. Outra possibilidade é que os estados previamente separados ou duas experiências de ancoragem e associações sejam acessados simultaneamente; quando o indivíduo fica, ao mesmo tempo, nas duas marcas no chão correspondentes aos estados. Enquanto ele, interiormente, percebe a situação difícil que está passando neste momento, recebe todos os recursos de que precisa. Deficiências e recursos se encontram e ele sente, depois de um curto período de processamento interno, um novo equilíbrio em relação à situação anteriormente problemática. Essa condição é expressa, em geral, na fisiologia do indivíduo: os lados esquerdo e direito do corpo aparecem simétricos, a respiração fica mais uniforme, ele parece relaxado e cheio de energia. Isso, naturalmente, será verificado. Em caso de dúvida, novas perspectivas e recursos devem ser trabalhados em um processo interativo.

DAR E RECEBER

Estes recursos são sempre necessários, seja para si mesmo ou para os outros, desempanham um papel significativo. Na melhor das hipóteses, o indivíduo experimenta a transferência de recursos de duas posições, ou seja, como doador e receptor. Às vezes, retribuir e recuperar também são de grande importância. Retribuir é importante quanto tomamos pensamentos, sentimentos, tarefas ou mensagens de outros que afetam nosso desenvolvimento. É importante recuperar quando entregamos aos outros algo de valor que temos e que deve realmente ficar conosco. No trabalho de constelação sistêmica isso representa uma questão importante.

AUMENTAR OS RECURSOS AO LONGO DO TEMPO E DO ESPAÇO

O exemplo a seguir ilustra como podemos combinar o trabalho com recursos e o conceito de diferentes posições perceptivas e diferentes etapas do desenvolvimento. A operação é baseada em um processo de Robert Dilts e Robert McDonald, apresentada no seminário "Ferramentas do Espírito".

Meta: você e os outros oferecem uma tarefa a partir de diferentes posições perceptivas de recursos.

Sabine quer ser apresentadora de TV. Até agora, apresentou programas de rádio, de modo que está ciente de seus pontos fortes quanto ao discurso livre. No entanto, a TV exige mais, especialmente porque este meio desconhece o anonimato do rádio. Ela quer estar bem diante de seus futuros espectadores e, assim, ser autêntica. Após um período de autorreflexão, Sabine decide realizar um exercício em que os participantes fazem o papel de si mesmos e também de outras pessoas que são importantes para ela, trocando de recursos.

Ela imagina que está no presente, olhando para o futuro. Ela visualiza seu eu futuro diante dela: é a Sabine, aquela que já realizou! Ela dá a este eu futuro um recurso que tem atualmente em grande quantidade e que pode usar para sua sensação de bem-estar: liberdade e naturalidade. Isso porque Sabine acredita que muitos apresentadores de TV parecem ter desistido de suas carreiras. Em seguida, ela muda de posição, passando para o futuro e leva a Sabine do futuro para o presente. É uma sensação boa. Agora ela sente o que a apresentadora de rádio pode fazer "no passado" para ser apresentadora de TV e envia força, resistência, espontaneidade e motivação: "Você consegue!". Então, Sabine retorna à sua posição original no presente, onde ela agradece por esses recursos.

Agora Sabine vira e visualiza seu eu mais jovem que não tinha autoconfiança. Ela estende as mãos e, simbolicamente, lhe entrega uma grande dose de autoconfiança, porque hoje ela tem grande quantidade disponível. Em seguida, ela desliza para a posição de seu eu mais jovem, aceita o presente e sua personalidade mais jovem que a Sabine do rádio entrega alguns dos recursos que possuía na juventude: entusiasmo e descontração. Novamente, Sabine deixa seu lugar e leva os recursos.

No decurso do exercício, Sabine tem o desejo de acessar outras pessoas, sejam elas do passado, presente ou futuro. Ao atual namorado, Karl, dá confiança e recebe dele a alegria. No passado, ela dá respeito e gratidão à antiga professora e recebe uma espécie de bênção para o seu trabalho. Ela também pensa em seus novos colegas no futuro. Dá-lhes respeito e compreensão e recebe deles aceitação e abertura. Sabine fez tudo atribuindo papéis a cada pessoa posicionada à esquerda, no presente. Sabine virou-se para cada pessoa e entregou esse recurso simbólico em suas mãos. Em seguida, colocou-se na posição de outras pessoas e deu um presente para si mesma.

Finalmente, Sabine tem a ideia de colocar-se na posição do seu eu superior, a partir do despertar dele em sua vida, protegendo e guiando. Ela agradece seu eu superior e dá-lhe em troca sua sensatez e sensibilidade. Em seguida, ela se coloca na posição do eu superior para receber este dom e a presença que responde pelos dons da "intuição" e "orientação interna". De volta ao presente, ela ainda recolhe todos os presentes da experiência de conexão consigo e com os outros através do tempo e do espaço. Ela notou que os recursos dados não acabam, mas se multiplicam. Ela quer manter algo assim, mesmo com sua futura audiência na TV.

Figura: aumentar os recursos ao longo do tempo e do espaço

Veja como funciona: no chão da sala, como mostrado na Figura 4, selecione vários campos e internamente atribua a eles os significados. No campo do meio está a posição "eu presente" com vista para o "eu futuro". Importante por acessar no aqui e agora recursos tangíveis, colocando-os, simbolicamente, nas mãos de protetores para serem entregues ao eu futuro que está na frente do campo e já atingiu o estado desejado. Assuma a posição "eu futuro", receba o recurso e, desta posição, entregue ao eu no presente. Faça o mesmo em todas as outras direções. Após cada substituição, retorne à posição atual.

Desejo a todos uma vida cheia de recurso!

4

Coaching e Psicologia – juntos para um resultado melhor

Caroline Galetti dos Santos

Caroline Galetti dos Santos

Há mais de oito anos trabalha como Diretora Comercial, e hoje é sócia-presidente da empresa GADHE - Galetti Desenvolvimentos Humanos e Empresariais LTDA-ME.
Com formação em Master Coach, Business Coaching e Assessment Disc, certificada pela International Association of Coaching Institutes, Metaforum Internacional e Sociedade Latino Americana de Coaching. Especialização em Coach Executivo, Leader Coach e Life Coach. PNL pela International Association NLP Institutes.
Ministra treinamentos em vendas, liderança e motivação. Atualmente, cursa Psicologia na FMU (Faculdade Metropolitanas Unidas), para aprimorar conceitos, treinamentos e técnicas na área de desenvolvimento humano.
É coautora do livro "Leader Coach", Editora França.

Contato:
(11) 2977-9564 / (11) 9 8961-6515
contato@gadhe.com.br
www.gaghe.com.br

Embora o processo de Coaching exista há alguns anos, muitas pessoas ainda não o conhecem ou não entendem muito bem sua função. Se muitos dizem ser um processo que auxilia as pessoas a encontrarem seus recursos e capacidades para atingirem metas e objetivos, tornando assim sua vida harmônica e satisfatória, não seria então a mesma coisa de um processo psicoterapêutico? O Coaching não seria uma Psicoterapia focada em resultados, tornando-o assim mais breve do que a Psicoterapia convencional?

NÃO. Primeiro vamos entender brevemente o conceito de cada processo.

Coaching é um processo de desenvolvimento humano que utiliza várias ferramentas baseadas em Programação Neurolinguística, Neurociências, Sociologia, entre outras, no intuito de apoiar pessoas e/ou empresas no alcance de metas, autodesenvolvimento e crescimento contínuo. O processo de Coaching pode ser aplicado tanto para desenvolver aspectos da vida pessoal do coachee (nome utilizado para designar a pessoa que passa pelo processo de Coaching) quanto no âmbito profissional (carreira, organizações, executivo). É um processo com foco no presente – futuro, que envolve desejos, sentimentos, mudanças de comportamentos. Pensando nisso, podemos dizer que o Coaching também tem efeito terapêutico (que é diferente de processo terapêutico), justamente pelas sensações causadas em seus coachees e por oferecer no decorrer do processo o suporte necessário para que essa transformação ocorra da melhor forma possível. A Psicologia é a ciência que estuda os processos mentais e o comportamento humano. Está classificada dentro das áreas sociais e humanas, porém podemos colocá-la também dentro da área médica por ser um estudo de métodos quantitativos e qualitativos voltado aos processos psíquicos que originam os comportamentos. Seu foco maior está no passado – presente.

Podemos perceber que ambos estão relacionados a ajudar pessoas, porém muitas coisas diferem estes dois processos.

COACHING X PSICOTERAPIA

1º) Para que exista o processo de Coaching, basta o cliente ter algo que queira conquistar, que não necessariamente seja um problema, ou alterar algo que no presente não atrapalhe tanto, mas para o futuro pode tornar-se um obstáculo. Já na Psicoterapia é necessário que haja uma situação problemática de ordem psicológica para que o cliente busque o auxílio de um psicólogo. Infelizmente, ainda hoje, em um grau infinitamente menor, existe a crença de que Psicoterapia é um processo para loucos ou problemas sérios com patologias já diagnosticadas. Digo infelizmente pois a Psicoterapia é um processo muito rico para ser visto desta forma. Ela auxilia as pessoas em vários sentidos, desde um simples problema até patologias mais sérias.

❖ ❖ ❖ ❖

2º) A certificação em Coaching não exige uma graduação específica, porém é necessário um curso destinado à área. Hoje é muito importante, antes de fazer uma formação em Coaching, pesquisar muito bem a instituição que oferece o curso. Como atualmente Coaching está na "moda", várias escolas abriram cursos de formação sem possuir a experiência necessária, nem certificações reconhecidas. Coaching é um processo sério, no qual a pessoa depositará seus sonhos e expectativas em um trabalho em conjunto com o profissional (Coach). É importante ter domínio dessa poderosa ferramenta para não causar transtornos para o cliente nem para o profissional. Para que isso aconteça, é necessário tomar alguns cuidados ao procurar uma instituição de ensino:

a) Cuidado com metodologias milagrosas. Como todo processo sério de desenvolvimento, o Coaching possui uma metodologia testada e com tempo para que as coisas aconteçam.

b) Cuidado com reconhecimentos internacionais que não existem. Verifique todas as informações que lhe forem dadas.

c) Verifique se o treinador está verdadeiramente credenciado em algum órgão internacional de Coaching.

d) Verifique se a instituição também está credenciada em algum órgão internacional de Coaching.

e) Verifique quais são as empresas onde estes profissionais já realizaram trabalhos.

f) Verifique quais são as empresas/clientes destas instituições.

Já a Psicoterapia exige formação em Psicologia por ser um processo voltado a tratar problemas comportamentais e emocionais. Essa formação tem duração de cinco anos e aborda várias linhas diferentes, habilitando o profissional a atuar em várias áreas. As opções de atuação mais conhecidas são atendimentos em consultórios (clínica), hospitalar, organizacional, área jurídica, entre outras. É impossível um Coach atuar como psicoterapeuta.

❖ ❖ ❖ ❖

3º) É preciso estar atento ao cliente quando este procura o processo de Coaching. Para que ocorra o processo, é fundamental o cliente estar "funcional", ou seja, o cliente deve estar minimamente com a expectativa de alcançar uma meta ou objetivo. Já a Psicoterapia tem a função de tornar o cliente "funcional". Muitas vezes, o cliente chega ao psicólogo altamente desmotivado, sem perspectiva de um futuro. Cabe ao psicólogo analisar esse cliente, dirigir o tratamento, saber quais intervenções serão necessárias, estabelecer um plano de ação e manutenções que acontecerão no decorrer da terapia.

◆ ◆ ◆ ◆ ◆

4º) No início do processo de Coaching, é estabelecido um período que geralmente é curto, com prazo médio de três a seis meses, enquanto na Psicoterapia não há prazo determinado.

◆ ◆ ◆ ◆ ◆

5º) Outra diferença está na forma de atuação. No Coaching, logo no inicio, é feito um plano de ação com um prazo para chegar ao objetivo final. Na Psicoterapia é feita uma anamnese mais longa e profunda, pois estamos trabalhando com sentimentos enraizados, muitas vezes desconhecidos e que causam grande sofrimento ao cliente. O processo é flexível, podendo ser alterado conforme a necessidade e evolução do cliente.

◆ ◆ ◆ ◆ ◆

6º) No Coaching, além do atendimento presencial há também a possibilidade do atendimento via computador (Skype ou MSN) ou até mesmo por telefone (embora não muito habitual). A metodologia do Coaching admite essas formas de atendimento sem prejudicar o processo. O vínculo criado entre Coach e cochee será o mesmo e o resultado final também. Na Psicoterapia, é necessário que o atendimento seja presencial. Dependendo do motivo que leva o cliente à Psicoterapia, a dificuldade em se comunicar torna inviável o processo em outro formato. Existem alguns psicólogos que atendem via computador, porém psicólogos são regidos por ética e, no Brasil, o Conselho Regional de Psicologia, nas atribuições da Lei, proíbe esse tipo de atendimento.

Existem outras diferenças que poderiam ser citadas, porém deixarei apenas estas por serem consideradas as principais. Podemos notar que as distinções são mais claramente percebidas em relação aos objetivos e tipos de problemas apresentados, pois, em relação a técnicas, é comum tanto à psicoterapia quanto ao

Coaching usar ferramentas assim como o formato dos atendimentos, que geralmente são individuais, com encontros semanais e duração de aproximadamente 50 minutos. Vale ressaltar que tanto na Psicoterapia quanto no Coaching é comum o processo em grupo, porém no Coaching o tempo das sessões é de 60 a 90 minutos; já na Psicoterapia, mesmo no tratamento em grupo, dificilmente as sessões passam de 60 minutos. Talvez por isso ocorram tantas confusões em torno deste assunto.

Mesmo com todas as suas diferenças, muitos clientes vêm se beneficiando por participar dos dois processos conjuntamente. Por exemplo, clientes da Psicoterapia, após seu tratamento e já restabelecidos de um período de depressão, com o auxílio do processo de Coaching, conseguem reestruturar suas carreiras antes prejudicadas pelo sintoma. No caso de clientes de Coaching, que não conseguem avançar em suas metas por questões como ansiedade em um grau exagerado, fobias ou estado depressivo, com o auxílio da Psicoterapia podem conseguir resultados mais satisfatórios.

O Coaching e a Psicoterapia podem trabalhar juntos visando o bem-estar do cliente. É importante que se tenha noção das diferenças entre os dois processos para saber onde chega o limite de um e onde o outro entra completando a lacuna em aberto.

Um bom Coach, ao detectar um problema psicológico em seu cliente, encaminha-o diretamente para um psicoterapeuta e quando o processo de Psicoterapia já atingiu um grau em que o cliente consegue visualizar possibilidades para seu futuro, por que não tornar este processo mais eficiente com ajuda de um Coach? Para isso, é aconselhável que tanto o Coach quanto o psicólogo mantenham contato com profissionais de outras áreas visando sempre a melhor forma de beneficiar seus clientes.

Infelizmente, ainda se escuta alguns psicólogos falando mal do processo de Coaching e alguns Coaches descartando a Psicoterapia como solução de um problema comportamental e emocional. Isso é antiético para ambos os profissionais. A partir do momento em que cada um sabe desempenhar seu papel e entende o benefício de cada processo, fica mais fácil ver cada profissional como colega e juntar forças para um resultado melhor.

O Coaching pode sim contribuir para um resultado mais eficiente, principalmente quando indicado para complementar um tratamento psicoterápico. O psicólogo pode passar ao Coach um planejamento feito em conjunto com o cliente, com um fim específico a ser desempenhado e atingido. Tanto o Coach quanto o psicólogo trabalham para tornar a vida daqueles que os procuram melhor. Mesmo sendo profissionais diferentes, o objetivo final de ambos é o mesmo. Está na hora de enxergarmos os benefícios que os dois processos podem trazer e, finalmente, unir essas duas áreas visando sempre aumentar as possibilidades de sucesso dos clientes.

◆ ◆ ◆ ◆ ◆

REFERÊNCIAS BIBLIOGRÁFICAS
WHITMORE, John. Coaching para Performance: Aprimorando pessoas, desempenhos e resultados. Qualitymark, 2006.
WOLK, Leonardo. Coaching – A arte de soprar brasas em ação. 2. ed. Qualitymark, 2010.
KOURDI, Jeremy; BOSSONS, Patricia; SARTAIN, Denis. Coaching Essentials: A&C Black Busisness, 2013.
LAW, Ho. Coaching Psychology – A Practitioner's Guide. Wiley – Blackwell, 2013.
FURTADO, Odair; TEIXEIRA, Maria de Lourdes Trassi; BOCK, Ana Merces Bahia. Psicologias – Uma introdução ao estudo da psicologia. 14. ed. Saraiva Editora, 2013.
BERNARD, Rangé. Psicoterapias Cognitivo-comportamentais – Um diálogo com a Psiquiatria. 2. ed. Artmed, 2011.

5

COACHING & PSICOLOGIA

Psicologia positiva e o futuro do Coaching

Claudemir Oliveira

Claudemir Oliveira

Presidente do Seeds of Dreams Institute, empresa sediada na Flórida, com filial no Brasil.
Jornalista pela Cásper Líbero e pós-graduado em Marketing e em Comunicação Empresarial pela ESPM, onde foi professor nos cursos de pós-graduação quando vivia no Brasil.
Mestre e Doutor em Psicologia, com foco em Psicologia Positiva, pela Stetson University e pela Barry-FCU, respectivamente, ambas nos Estados Unidos.
Antes de abrir seu instituto, trabalhou na American Airlines, United Airlines e 15 anos na The Walt Disney Company (divisão Parks & Resorts) onde liderou estratégias de treinamento global, além de ter sido professor da Disney University e professor convidado do Disney Institute.
É autor da história do premiado filme Once Not Far From Home e membro vitalício da Harvard Medical School PostGraduate Association. Vive em Orlando desde 2000.

Contato:
claudemir@seedsofdreams.org

Nos últimos anos, tem acontecido um "tsunami" de cursos de Coaching aqui nos Estados Unidos, no mundo e, naturalmente, também no Brasil. Fiz alguns cursos, li vários livros e artigos e gostaria de falar um pouco desta nova área sob o ângulo da Psicologia Positiva, método que utilizo, juntamente com técnicas tradicionais, com meus clientes. Como sempre, aviso meus leitores que uso generalizações devido a espaço.

A premissa bem básica do Coaching é simplesmente trabalhar com um cliente para sair do presente (estado atual) para o futuro (estado desejado). Tem origem na palavra inglesa "Coach", que significa carruagem, ou seja, aquela que transporta alguém de um lugar para outro. O Coaching não deve ser confundido com Psicologia, terapia, consultoria, "mentoring" nem aconselhamento. No entanto, poucos profissionais estão aptos a saber diferenciar todas essas áreas porque elas "colidem". A linha é bem tênue.

NEGANDO O PASSADO

Vejo que existem vários profissionais que abominam a PNL, Programação Neurolinguística. Há 11 anos, eu invisto dia e noite em Psicologia Positiva, mas eu jamais esqueço do valor de todo o progresso que a Psicologia tradicional nos trouxe. Sabemos, por exemplo, que Freud está ultrapassado em algumas áreas, mas negar sua influência na Psicologia moderna seria uma grande injustiça. Na Psicologia Positiva, fico indignado quando vários expoentes desta nova ciência não dão crédito a pessoas que já falavam do tema antes. Aristóteles já falava de nossa busca pela felicidade. Mas para você não achar que estou indo longe demais, que tal Maslow, Carl Rogers ou mesmo Albert Ellis, que tive o privilégio de ouvir várias vezes? Eu não tenho problemas com roupas novas, criar algo novo, mas crédito tem que ser dado a quem originou as ideias. Já diz o ditado que "não há nada de novo sob o sol". Muito do trabalho da Psicologia Positiva deve-se a esses e tantos outros nomes. Eu me recuso a entender como os pioneiros da Psicologia Positiva usam termos como "flow" (Mihaly Csikszentmihalyi), "flourish" (Martin Seligman, Barbara Fredrickson) e não mencionam c-l-a-r-a-m-e-n-t-e que Maslow, na década de 60, já falava em "peak experience". Nem vou falar do método cognitivo ABCDE, de Albert Ellis, que é usado dia e noite e ao qual raramente se dá crédito. Óbvio, não nasci ontem e tenho uma explicação por que isso ocorre. Chama-se EGO. Eu mudo uma vírgula e digo que é MEU. Isso se chama ingratidão. Lamentável. Dar crédito a alguém não nos diminui; pelo contrário, nos aumenta, nos faz mais nobre. Isso se chama gratidão. Então, negar a influência da PNL é negar o próprio Coaching. É comer uma fruta sem reconhecer que a mesma foi semente. É cuspir no prato que comeu. Há gente muito boa na área, assim como um monte de picaretas. Isso sem contar aqueles que usam da fragilidade emocional de clientes para aplicar técnicas terapêuticas (não de Coaching) abrindo feridas e as deixando abertas. É como um cirurgião, sem credencial, que abre o corpo e não o fecha por falta de competência e humanidade.

Um dos diferenciais no meu processo de Coaching é utilizar um pouco de "consultoria", ou seja, ser mais diretivo, especialmente com executivos, mesmo sabendo do valor das perguntas abertas. Adaptar o processo às necessidades do cliente é fundamental. Imagine-se fazendo Coaching com um gerente, um diretor, um presidente. Existe um formato próprio para cada um. Posso garantir que duas semanas de treinamento não são suficientes para trabalhar com um alto executivo. É como dar um Boeing 777 para qualquer um "dirigir".

Foco na jornada

Outro diferencial que utilizo, talvez o maior deles, é o processo. O Coaching copiou da sociedade, o que chamo de "imediatismo moderno", o foco no resultado (destino), se esquecendo um pouco do processo (jornada). Vivemos num mundo onde pensamos em ser presidente a qualquer custo e nos esquecemos de que a caminhada precisa ser agradável para fazer sentido. Apesar de saber que devemos ter em mente o futuro (o destino), o doutorado da vida tem me ensinado que o nosso controle é muito maior na jornada. Nosso controle sobre o destino é quase zero, pois somos mortais. O amanhã não nos pertence. Portanto, diferentemente desse "pulo" do Coaching tradicional para o estado desejado, eu foco muito mais na jornada do cliente. Como ele pode, sim, chegar ao estado desejado, mas feliz durante a caminhada? Isto é pura Psicologia Positiva e uso várias técnicas desta ciência. Alguns Coaches podem argumentar: mas Claudemir, não é óbvio isso? Para mim é mais que óbvio, mas preste atenção nos textos, em todas as chamadas que falam de Coaching, para você ver que o foco não está aí, mas na largada e na chegada. É apenas uma questão de foco. Outros profissionais podem ter mais um argumento: Claudemir, como focar na jornada com o cliente se, em geral, o Coaching dura 6, 8, 10, 12 sessões? Eu me refiro, na verdade, muito mais na jornada do cliente durante e, principalmente, depois do término das sessões. A arte está em encontrar ferramentas que sirvam durante a vida. É por isso que digo que há poucos profissionais que tenham essa capacidade. Por isso, estudo dia e noite para ser um deles. O sucesso não pode se restringir apenas às poucas sessões. Na minha visão, o processo de Coaching, então, se divide em três principais fases: largada-JORNADA-chegada. Nos cinco pilares da Psicologia Positiva (P-E-R-M-A), a jornada estaria no M de "meaning", ou seja, o significado, o propósito da vida. Eu também trabalho os outros pilares: P (Positive Emotions = emoções positivas), E (Engagement = compromisso e envolvimento), R (Relationship = relacionamentos) e A (Accomplishment ou Achievement = realização). E, em homenagem a um grande amigo, uso constantemente a frase da Nike: "Just Do It", para que meus clientes não fiquem no blá-blá-blá. Dou muitos exercícios para serem feitos, mas, ao contrário de uma escola infantil, não fico cobrando. É função do cliente plantar e cuidar das sementes de sonhos e descobertas durante o processo. Caso perceba que haja passividade do outro lado, eu aviso que meu tempo é mais precioso que o dinheiro que ele ou ela me paga e se não houver comprometimento, eu paro o processo e abro espaço na agenda para quem realmente quer se transformar. Sabe por que faço isso? Por respeito a mim mesmo, por respeito ao meu cliente e por ter meu nome em jogo. Não quero clientes que não façam sua parte. Não brinco com sonhos.

Nos parágrafos anteriores, falei sobre a origem do Coaching, sua relação com a PNL e lancei o conceito das três fases: largada-JORNADA-chegada. Nesta segunda parte, falarei sobre a questão de nossa busca pela perfeição, o movimento da autoestima e mais sobre o futuro do Coaching.

Acabei de ler, mais uma vez, o meu livro favorito de Viktor Frankl, "Man's search for meaning", e não poderia deixar passar em branco a extraordinária história de Viktor e sua busca incessante pelo significado da vida. Toco neste assunto porque acredito que todas as pessoas que buscam ajuda, seja em terapia ou mesmo em Coaching, buscam, lá no fundo da alma, um significado para o que estão passando. Mencionar Viktor também é uma forma que encontro de homenagear pessoas que transcenderam nesta vida. Um dia ainda faço um filme sobre a história deste homem fascinante.

Encontrar significado na jornada é a energia de que necessitamos para atingir o estado desejado. Portanto, ser feliz no caminho é como o combustível que colocamos em um avião para chegarmos ao destino. Não precisaria mencionar que energia negativa reduz o tempo de voo. Eis aí o motivo por que muitos param pelo caminho. Simplesmente porque não têm "energia positiva" (combustível).

A vida é como a enxergamos. Eu adoraria dormir 9, 10, 12 horas por dia, mas não consigo. Em geral, às 4 ou 5 da manhã estou acordado contra minha vontade. Mas pego minha bicicleta, ouço meus livros no iPod e sou um dos poucos que consegue ver a romântica despedida entre a lua e o sol. Sinto que há uma certa paixão entre os dois, mas uma gosta da noite e o outro gosta do dia. Para completar, ouço o canto dos passarinhos. A vida é assim. O que é, para mim, sinfonia, para outros é barulho de pássaros. São nessas madrugadas que descubro que Deus é pintor nas horas vagas e gosta do amarelo alaranjado que pinta ao redor do sol e do azul e do branco do céu infinito. Eis o significado que encontro para não me concentrar na insônia.

Perfeição Imperfeita

Um ponto em comum em praticamente todos os clientes é a busca frenética pela perfeição a curto prazo. Quando é que vamos aprender com a experiência da lâmpada de Thomas Edison? Quando será que vamos aprender com a frase de Oscar Wilde "todo santo tem um passado, mas todo aquele que erra tem um futuro"? Uma criança aprende a caminhar caindo; a comer, se lambuzando. Por que um adulto não pode aprender caindo, errando, acertando? Eu caio todos os anos. Em todas as vezes, sem exceção, me levanto mais forte. Sou como um rio, não tenho tempo para discutir com as pedras que me colocam no caminho. Eu as contorno e sigo adiante em busca do mar. Se a pedra é muito grande, a chuva me ajuda a fazer volume de água para derrubá-la ou voamos por cima dela em busca de novos horizontes. A fila anda na minha vida e nada pode deter quem sabe para onde vai. Parafraseando Fernando Pessoa, eu construo castelos com pedras que encontro pelo caminho. Mastigo as pequenas e, com a água e areia do rio, faço meu cimento. Não existem fracassos para vencedores; existem aprendizados. Como diz meu amigo Ronaldo Albertino, "não erramos; simplesmente postergamos nossos acertos". O alicerce do sucesso é muitas vezes feito de um cimento chamado "fracasso". Não, não estou pregando que você saia errando por aí. Não é isso, mas os erros complementam nossa busca pela perfeição; quando aprendidos, equivalem à evolução. Costumo dizer que mares calmos não fazem bons marinheiros e costumo citar Nietzsche: "aquilo que não puder me destruir, me tornará mais forte". Em resumo, precisamos ver o equilíbrio fantástico que existe entre os muitos acertos e os poucos erros.

"Autoegoísmo?"

O movimento de autoajuda, autoestima, motivação, apesar de vários benefícios, tem cometido um erro grave. Tem prometido, ao longo dos anos, que somos imbatíveis, invencíveis, infalíveis e perfeitos, que podemos tudo, que tudo é simples. Há 11 anos, percebi essa tendência em livros e palestras e, por não concordar, resolvi investir num mestrado e doutorado focado na Psicologia Positiva, que fala dos mesmos temas, mas sob uma ótica mais científica, mais realista. Essa concepção de perfeição começa em casa e aqui outro exemplo clássico do Claudemir. O filho tira nove notas extraordinárias e apenas uma nota vermelha e o mundo se acaba naquela casa. Pobre da criança. Criamos filhos como se eles fossem perfeitos e o preço pago no futuro é altíssimo. Nossa instabilidade psicológica está muitas vezes ligada a essa busca pela perfeição. A sensação de errar passa a ser um monstro na nossa cabeça. Outro detalhe muito importante sobre o movimento da autoajuda e autoestima está no próprio nome. É uma forma ou tendência que visa melhorar a imagem que os indivíduos têm de si mesmos. Criei um neologismo redundante para tal síndrome: "autoegoísmo". Para reflexão, não devemos nos esquecer de que para sermos felizes, primeiro temos de fazer outras pessoas felizes. A sabedoria popular, de que é dando que se recebe, prova isso. Criei aqui nos EUA uma nova terapia chamada "Pay It Forward Therapy", com princípios baseados na caridade. Ainda é uma semente, mas a visão da colheita é tão viva como a ideia do rio.

Futuro do Coaching

O futuro dos profissionais depende de vários elementos. Este curto tempo dos cursos, a acessibilidade a qualquer um ser Coach e promessas mirabolantes são o próprio veneno do Coaching. Ao ser rápido, a quantidade astronômica de novos profissionais pode literalmente levar a credibilidade ao zero. O futuro precisa de cursos mais extensos, feitos por universidades sérias, além de associações mais fortes. Precisamos de mais pesquisas científicas. Levaremos anos, décadas. O curso de Coaching em si não faz milagre. Falando nisso, entendo que o poder da nossa mente é gigante, mas eu me recuso a falar que Coaching cura depressão em horas, câncer em dias. Eu só espero que ninguém comece a falar que multiplica pães e peixes e anda sobre água.

Outra coisa que me chama a atenção é que "todo" curso agora é internacional, tem certificação internacional, pertence à associação internacional, etc. e tal. É válido, super válido, pois a minha empresa também se vende por ser internacional, mas por que não um "Coaching made in Brazil"? Precisamos parar com essa mania inconsciente de que somos inferiores e que somente o que é de fora é bom.

Quanto mais popular fica o Coaching, mais se testa sua credibilidade. O Coaching do momento corre o sério risco de cair no mesmo movimento de auto-ajuda e motivação onde tudo é possível e simples, além de milagres em apenas algumas sessões. O Coaching do futuro precisa entender o ditado popular que diz que "é no balançar das carruagens (coaches) que as abóboras se ajeitam". O Coaching do futuro, para se sustentar, precisa ainda de muito, muito trabalho. Essas são minhas sementes de sonhos.

Obrigado por sua leitura!

6

COACHING
&
PSICOLOGIA

Coaching para casais: três na sala

Cláudia Miranda Gonçalves

Cláudia Miranda Gonçalves

Formada e pós-graduada pela USP em Psicologia, com especialização em Gestão e Facilitação de Processos de grupos pela Adigo.
Formada em Coaching Integrativo e em Business Coaching, certificada pela EAC (European Coaching Association) e pela ICI (International Coaching Institute). Certificação Internacional em Coaching, pela ICC (International Coaching Community). Certificação em Constelações Familiares e Estruturais pela Metaforum International.

Contato:
(11) 3057-3417 / (11) 9 8134-8234
www.consultoriaeh.com.br

Casais são um milagre da matemática, pois dois são três. Temos dois indivíduos e o casal formado por eles. Cada indivíduo traz sua história pessoal, seus valores, crenças e expectativas, que interagem com as mesmas dimensões do cônjuge, e ainda há toda a construção da identidade, valores, crenças e expectativas do CASAL. Portanto, o trabalho com casais se dá nos níveis sistêmicos e de motivações individuais e multipessoais (a díade do casal). Essas motivações são ao mesmo tempo antitéticas e complementares.

Quando pensamos em apaixonar-nos, casar-nos e termos filhos, forçosamente necessitamos do comprometimento individual para o relacionamento e, a partir deste, a criação do terceiro elemento – o casal. Quando pensamos em casais, precisamos sempre levar em consideração o nosso milagre matemático.

Matheus veio para o Coaching para falar de sua carreira como empreendedor. Tinha dúvidas se realmente era o que queria ou se buscava retomar sua carreira internacional, mas o que gostava mesmo era de consultoria. Depois de conversarmos e explorarmos cada uma dessas diferentes possibilidades de carreira, Matheus disse: "Bem, ainda há outro fator que complica mais as coisas: tenho um relacionamento com Maria há sete anos. Moramos juntos por alguns meses em duas ocasiões, mas nossas carreiras nos levaram para lugares diferentes. Nosso relacionamento enfrenta distâncias como Rio – São Paulo ou como São Paulo – Madri".

Na sessão seguinte, quando exploramos mais o fator-Maria, Matheus se dá conta de que sua indefinição profissional tem muito mais a ver com sua vida pessoal do que ele supunha. Matheus percebeu que o empreendedorismo era uma forma de estar ativo profissionalmente, mas ao mesmo tempo livre para tomar uma decisão para onde ir – o seu negócio era um serviço pela internet e ele poderia, em algum momento, mudar-se para próximo de Maria. Além disso, não visualizava o crescimento de seu negócio próprio, o fez e imaginou para ser pequeno mesmo: mais um indício de que o empreendedorismo era transitório. Sentia dificuldades em retomar sua carreira internacional, pois não encontrava posições que lhe agradassem e também por querer ficar no Brasil. A consultoria, profissão que já havia exercido e de que tanto gostava, o satisfaria em um plano individual profissional e o manteria próximo de seus amigos e parentes aqui no Brasil, mas possivelmente exigiria que Maria aceitasse voltar ao Brasil e ver o que aconteceria com sua carreira que decolava na Espanha.

Avançávamos o quanto podíamos nessas questões, mas esbarrávamos na falta que Maria fazia ali, no processo de Coaching. Felizmente, como era final de ano, Maria veio ao Brasil passar as festas de fim de ano e conseguimos ter três sessões em conjunto.

Em nossas três sessões, pudemos primeiramente garantir um terreno neutro para cada um e para o casal. Estimulamos que cada um se colocasse como indivíduo, com seus valores, crenças e expectativas e que também cada um falasse sobre sua visão e o que esperava do casal. Os dois puderam falar de suas expectativas e receios.

Matheus falou que ter se tornado empreendedor era como colocar uma pausa em sua carreira e assim tentar ver qual seria o melhor movimento: continuar no Brasil e retomar sua carreira em consultoria ou retornar para a Europa, numa colocação talvez não tão satisfatória, ficar longe de sua família e amigos (que eram importantes para ele); ficava com receio de, nesta segunda alternativa, colocar o peso da decisão sobre Maria.

Maria tinha uma carreira em ascensão em Madri, já estava bem adaptada e gostava muito do que fazia, mas faltava Matheus. Por vezes, sentia falta de ter clareza de quão importante era o relacionamento para ele.

Usando duas cadeiras, uma de frente para a outra, pedia que cada um falasse de seus sentimentos e de como se sentia quando ouvia o outro e depois solicitava que trocassem de cadeiras e procurassem ver e sentir o que o outro via e sentia. Com isso, cada um pôde se colocar no lugar do outro, entender seus sentimentos e criar um espaço para uma solução conjunta. Dado que havia uma disposição do casal em ficar junto, o próximo passo foi estabelecer as bases para isso. Numa situação complexa como esta, dificilmente podemos definir uma única alternativa e seguir em frente. O que foi definido e os guiou no restante das decisões foi ficarem juntos e morarem juntos definitivamente.

Esta determinação fortaleceu o terceiro elemento deste conjunto: o casal. Além disso, a partir deste momento, em que ambos puderam ver que ficar juntos era importante, puderam passar a focar em encontrar formas para viabilizar essa solução. Definimos quais seriam os próximos passos de cada um e como um poderia dar suporte ao outro. Eles passaram a ter um espaço de diálogo que gerava suporte um ao outro.

Para este trabalho, técnicas de mediação e trocas de lugar um com o outro foram muito importantes. Uma vez que o elo do casal estava mais forte, eles puderam olhar em conjunto para seu objetivo comum e utilizando a ferramenta da linha do tempo da PNL puderam estabelecer seus objetivos, ver como superar obstáculos, se o que buscavam era ecológico.

Assim como no exemplo acima, muitas vezes casais enfrentam situações em que há conflito de interesses pessoais com os do casal. Nestas situações, especialmente quando não se configuram laços patológicos entre as partes, o Coaching pode ser um bom processo de expansão de possibilidades de solução. Ao abrir espaço para a visão individual de cada um e a visão de cada um acerca do casal, o Coaching abre campo para o fortalecimento da identidade do casal. Várias das técnicas utilizadas em Coaching para Equipes podem também funcionar com casais.

O Coaching para casais também pode ser uma excelente ferramenta de visualização e projeção de futuro. Ao desenvolver planos conjuntos, o casal pode fortalecer sua identidade e juntar esforços e dar apoio mútuo para atingirem suas metas conjuntas. Além disso, os parceiros conseguem visualizar melhor quais são os desafios e as diferenças individuais frente ao seu objetivo comum. O exercício de se colocar no lugar do outro ajuda a entender como o parceiro se sente, quais recursos podem ajudá-lo a desenvolver maior cumplicidade e criar um ambiente que acolha a criatividade e a negociação.

O Coach deve se abster de aconselhar. Seu dever é criar um ambiente onde o diálogo do casal e a cocriação de suas soluções possam ocorrer. Assim como no Coaching individual, o Coach facilita o processo através de perguntas que possam provocar uma mudança de ponto de vista, questionar alguma crença da qual o casal não se dê conta. Abrir o pensamento para novas possibilidades é fundamental para quebrar padrões que estejam impedindo o casal de encontrar a solução para uma determinada situação sozinho. Boas perguntas são aquelas que vêm da observação direta do Coach sobre o casal e o que vê no comportamento da díade, muito mais do que naquilo que dizem. Mas, se o Coach não consegue encontrar uma boa pergunta a fazer, sempre pode perguntar: "Qual seria uma pergunta que ajudaria vocês agora?"

O Coach, de certa forma, vai funcionar como um espelho a refletir o comportamento do casal. Ao colocar suas observações para o casal, o Coach permite que este lide com pontos críticos por vezes, de maneira segura e protegida.

A diferença entre terapia conjugal e Coaching para casais é que, em contraste com a primeira, o Coaching para casais não busca interpretar a dinâmica do casal. O foco é buscar soluções, possibilidades para o presente e o futuro. O processo de Coaching funciona como um suporte para os próprios recursos e pontos fortes do relacionamento do casal, sendo que assim as soluções podem ser cocriadas entre o casal e o Coach. O Coaching oferece um ambiente acolhedor para expressão de sentimentos, mas visa facilitar o aprendizado e assim questionar premissas e crenças que podem ser obstáculos para mudança.

Em suma, o Coaching para casais pode (i) melhorar a comunicação da dupla, uma vez que no ambiente de Coaching os dois vão aprender a falar e ouvir sentimentos, preocupações, desejos e esperanças; (ii) aumentar a capacidade de resolução de problemas, através de identificação das questões e cocriação de soluções; (iii) reparar, aumentando a empatia do casal e criando um fluxo de troca de recursos e suporte mútuos.

7

COACHING
&
PSICOLOGIA

Biocoaching – transformação sob medida

Conceição Valadares

Conceição Valadares

Psicóloga e Master Coach.
Fundadora da Sociedade Brasileira de Análise Bioenergética (SOBAB), tendo atuado como local trainer, supervisora e psicoterapeuta.
Criadora do método Biocoaching, que une os princípios teóricos e as técnicas das terapias Reichiana e Neoreichiana às ferramentas de Coaching sob uma ótica da saúde, de modo a desenvolver competências, habilidades e talentos.
Desenvolve e aplica treinamentos para empresas e faz atendimentos individuais de desenvolvimento pessoal, privilegiando o público feminino com um trabalho especial de reequilíbrio das faces da mulher.

Contato:
(11) 9 9963-17516
(11) 4323-3137
mcd@uol.com.br / mcb@conceicaovaladares.com.br
www.conceicaovaladares.com.br

Este trabalho reúne conceitos e práticas das psicoterapias neoreichianas com ferramentas do Coaching.

Tem pressuposto a visão de homem de Wilhem Reich, Alexander Lowen e Gerda Boysen, segundo a qual o homem, como um ser vivo e integrado à sociedade, é constituído de um **corpo** com **movimento, sentimento e pensamentos**. Além disso, a liberdade é o valor central da formação humana e com **autorregulação, vitalidade, prazer, amor, trabalho e conhecimento** poderemos ser **saudáveis** e assim constituir uma **sociedade** mais **saudável**.

Biocoaching: o método

O autoconhecimento é a chave mestra da transformação; através de avaliação de tendência comportamental, leitura corporal, identificação e compreensão dos sentimentos e suas conexões com pensamentos e movimentos, traçamos o perfil do que denominamos neste método de Padrão de Funcionamento.

A partir daí, começamos a estabelecer a trajetória que o indivíduo deverá percorrer do Ponto A, momento atual com toda a bagagem do passado, até o Ponto B, momento desejado com todas as transformações necessárias.

Padrão de funcionamento

Existe um jeito como a pessoa se organiza para alcançar algo, seja amor, enfrentar medos ou desafios etc.

É um conjunto de atitudes que compreende ação e/ou reação frente a uma ou mais situações.

Exemplos: como a pessoa age ou reage...

... **a uma ameaça:** paralisa, corre ou contra-ataca.

... **diante de uma autoridade:** confronta, questiona, concorda e acata ou submete-se.

... **frente ao amor:** entrega-se e corre riscos ou fecha-se e se protege de decepções.

RODA DO BIOCONHECIMENTO

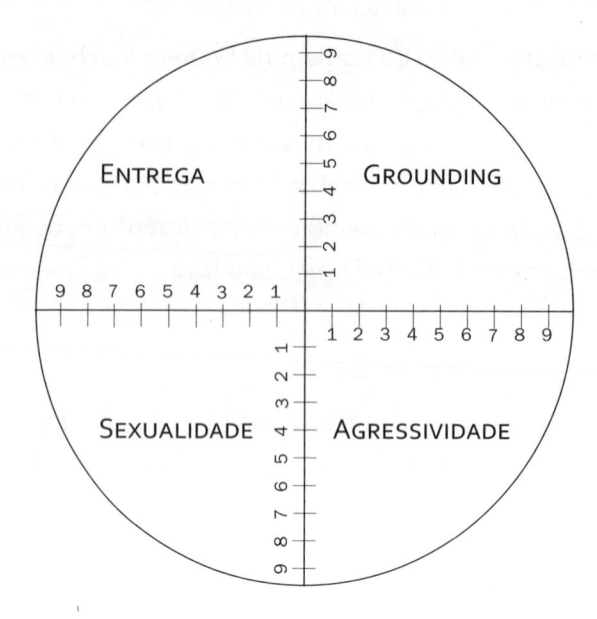

```
           |9
           |8
           |7
           |6
  ENTREGA  |5  GROUNDING
           |4
           |3
           |2
           |1
9 8 7 6 5 4 3 2 1   1 2 3 4 5 6 7 8 9
           |1
           |2
           |3
 SEXUALIDADE|4  AGRESSIVIDADE
           |5
           |6
           |7
           |8
           |9
```

A partir de posturas corporais predeterminadas, originadas de exercícios bioenergéticos, podemos observar o grau de **entrega, grounding, sexualidade e agressividade** disponível e consciente no corpo, grau este que será compreendido como **recurso disponível** do indivíduo.

Entrega: capacidade do indivíduo de uma profunda entrega a si mesmo, um profundo relaxamento dos processos defensivos arraigados no organismo e que mantendo a situação traumática impedem a vital pulsação do organismo.

Grounding: quer dizer enraizamento, é a autossustentação que aponta para a necessidade de uma verdadeira troca energética entre o corpo humano e a terra que o sustenta. Significa também a capacidade de reconhecer suas limitações internas em relação às demandas externas e à apropriação do potencial disponível para lidar com estas demandas.

Sexualidade: potencial vital, desejo de viver. Como o indivíduo lida com sua carga energética, como lida com a carga, descarga e recarga da excitação na direção do alcance de seus objetivos de maneira prazeirosa.

Agressividade: potencial para ação. Enquadra-se num contexto de ação e movimento. O agressor é quem avança em direção a algo ou alguém, com firme determinação pessoal. O agressor, neste caso, usaria toda sua força, não com a finalidade de destruir, mas para empreender.

Etapas do processo

Autopercepção: identificação do padrão de funcionamento.

Conhecimento e reconhecimento de posturas físicas, mentais e verbais; sentir cada parte do próprio corpo e as sensações que podem surgir nelas.

Autoexpressão: identificação das emoções correlatas.

Confronto com as ilusões e crenças e expressão das emoções geradas.

Autodomínio: acolhimento das emoções, sejam consideradas positivas ou negativas; capacidade de expressar-se de modo apropriado para promover seus maiores interesses. Estar no comando de si mesmo.

"A autoexpressão é a manifestação da existência individual."
(LOWEN, 1984, p. 91)

Roda da bioação

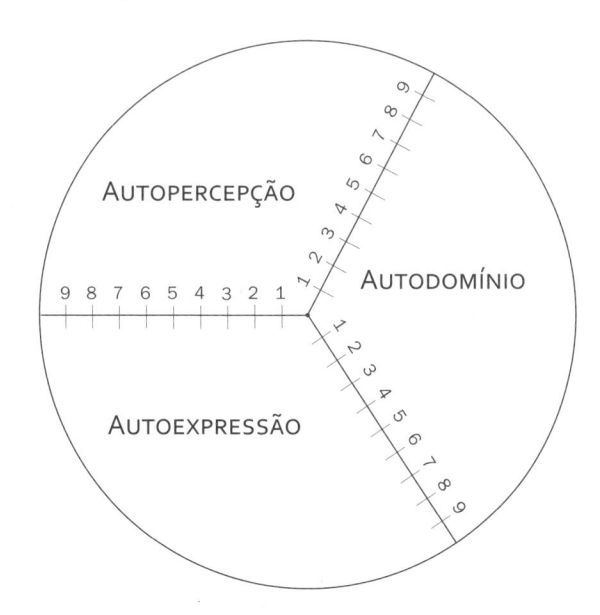

Biocoaching x Psicoterapia

A principal diferença do método Biocoaching em relação ao processo psicoterápico é a mudança do olhar do **POR QUE?** para o **PARA QUE?**, uma vez que não estamos aqui na etapa da autopercepção, levantando características com objetivo de análise qualitativa ou qualquer outra interpretação, mas sim com o firme propósito de dar consciência ao indivíduo em questão do seu **padrão de funcionamento** e com isto levá-lo a compreender suas características como **recursos** para poder direcioná-las a seu favor e no sentido do alcance de seus objetivos.

Exemplo 1: se o indivíduo apresenta características de agressividade com baixo grau na Roda do Bioconhecimento, significa para o Biocoaching que a erupção de energia vivida em pensamentos, sensações e ideias servem de fonte para a criatividade. O processo de criação é usado em resposta ao estresse. Neste caso, a proposta é um programa de exercícios bioenergéticos e reflexões através de ferramentas de Coaching, que transformarão este padrão direcionando em recurso para aprender a suportar a própria carga de vida e, assim, sentir mais paixão pela própria existência e sua criação reverterá em maior capacidade de movimentos, ações e interações.

Exemplo 2: o indivíduo apresentou um grau alto de agressividade e baixo nos demais itens da Roda do Bioconhecimento, sugerindo que ultrapassa os limites e estimula os outros a fazer o mesmo. Aventura-se e atrai pessoas para si. A proposta é reverter esses recursos para reconhecer sua própria limitação e assim tirar maior proveito dos limites e das regras do ambiente para que sua energia fique mais coesa, desenvolvendo uma realidade sólida da qual se possa depender.

É importante dizer que os exemplos ilustram apenas parcialmente, pois a análise da leitura corporal é bem mais completa e abrangente. Na medida em que vai se processando já promove a conscientização, que é o principal objetivo da primeira etapa do método Biocoaching, a autopercepção.

Num segundo momento, na etapa da autoexpressão, ainda ocorre a conscientização, agora acompanhada de ações na vida prática, onde se confrontarão as crenças e ilusões.

Na terceira e última etapa, todo incentivo será dirigido para a busca de resultados, que consolidarão o empoderamento.

Outra diferença a ser ressaltada é que o Biocoaching é um processo que busca resultados, os quais são determinados antecipadamente entre cliente e Biocoach, com número de encontros e frequência predeterminados.

BIOCOACHING X COACHING

Neste caso, a diferença acontece nos primeiros encontros, quando é feito todo o processo de autoconhecimento, que lança mão de técnicas, práticas e fundamentações teóricas psicoterápicas, o que confere ao Biocoaching uma visão mais ampla do comportamento do indivíduo e seus motivadores e sabotadores.

Enfim, a proposta primordial do Biocoaching é trazer para o mundo uma contribuição de transformação sob medida, ou seja, que possa realmente levar cada um a identificar seu **desejo, propósito, valor**, apropriar-se de seus **recursos** e atingir de maneira efetiva seus objetivos.

8

COACHING & PSICOLOGIA

Da Psicologia ao Coaching

Debora Scalissi

Debora Scalissi

Formada em publicidade e propaganda (FIAM), psicologia (FMU), pós-graduada em Gestão Estratégica de Pessoas (SENAC), com especialização em hipnose Ericksoniana, Programação Neurolinguística, Neurobussiness e Professional Coach Certification pela SLAC.
Carreira ascendente na área de Recursos Humanos, atuando como generalista na indústria farmacêutica desde 2005.
Com foco na consultoria interna, businesses partner, das áreas de vendas e marketing, tendo como principais atividades: atração, retenção, desenvolvimento de profissionais, políticas de carreiras e de desligamento responsável.
Buscando parceria e integração entre as áreas para facilitação da comunicação e o atingimento dos objetivos da empresa.

Contato:
(11) 9 7640-6917
descalissi@yahoo.com.br

"Comece fazendo o que é necessário, depois o que é possível, e de repente você estará fazendo o impossível." (São Francisco de Assis)

A intenção deste artigo é demonstrar, através de minha experiência profissional, a importância da formação em Coaching para o psicólogo.

Meu interesse pela Psicologia iniciou na faculdade de publicidade, quando tive contado com a matéria Psicologia do Consumidor. A partir disso, comecei a explorar leituras sobre teorias da personalidade e qualquer outro livro sobre motivação.

Durante este período de buscas e a insegurança de tentar, dessa vez, ir para o rumo profissional certo, fiz o caminho de Santiago de Compostela com a intenção de refletir e ter a minha Eureka profissional. Ao longo da viagem conheci pessoas que, de uma maneira ou outra, mostravam que eu tinha habilidades que me fariam ser uma boa psicóloga; diziam que eu tinha paciência, interesse por ouvir o outro, empatia, boa comunicação e tranquilidade para lidar com situações desafiadoras.

Com isso, cheguei de viagem e fiz minha inscrição para o vestibular de Psicologia. Em 2001, iniciei minha saga profissional na FMU com a expectativa de ter na profissão uma realização pessoal. Tinha como desejo ajudar as pessoas a conseguirem superar seus desafios e conquistarem seus objetivos.

Durante a formação, tive contato com diversas teorias e práticas laboratoriais e em todas elas tentava encontrar qual seria minha identidade profissional. Em alguns momentos, acreditava que deveria seguir para área hospitalar, pensando ser ali uma forma de ajudar melhor as pessoas. Depois achei que poderia ir para a área jurídica, visualizando poder ser útil para a sociedade. Também acreditei que poderia seguir para a área clínica, tendo no consultório o conforto de ajudar o próximo. Por fim, optei pela área organizacional, isso após várias angústias e incertezas e no momento em que estava estagiando em uma empresa.

O psicólogo geralmente sai da faculdade com ferramentas e abordagens voltadas ao diagnóstico de problemas, e busca através de histórias passadas a causa para algo que não está a contento para oferecer possibilidades de "cura". Foi exatamente assim que saí do curso e tentava utilizar a teoria, agora na prática.

No começo não foi nada fácil. Fazia processos de recrutamento e seleção tentando identificar, assim como aprendi na faculdade, o histórico da pessoa para depois entender suas motivações e desejos. As entrevistas geralmente duravam mais de uma hora e sem um resultado consistente. Eu levava diagnósticos e não a solução, que deveria consistir em explorar os motivos da pessoa para se candidatar à vaga e resolver se ela estava ou não apta para o cargo pretendido.

Observando outros profissionais da minha área atuar com eficácia e serem reconhecidos no seu meio, comecei a prestar atenção à maneira como eles realizavam seu trabalho e busquei entender onde poderia melhorar minha maneira de agir.

Comecei a ler livros e fazer cursos como programação neurolinguística, hipnose ericksoniana, liderança, neuropsicologia aplicada aos negócios e pós-graduação em gestão de pessoas. Ainda assim sentia que, apesar de ter adquirido em cada curso uma melhor maturidade, ainda faltavam ações diferenciadas. Lendo "Coaching com PNL – o guia prático para alcançar o melhor em você e em outros", da Editora Qualitymark, percebi que o curso de formação em Coaching poderia trazer o que buscava. Tive a certeza disso ao conhecer alguns colegas psicólogos que haviam feito o curso de Coaching e alcançados excelentes resultados. Relataram que tinham mudado seu foco de atuação, sendo mais precisos e estratégicos na maneira de agir profissionalmente.

São vários os cursos que o mercado oferece e uma das minhas preocupações era ter uma boa formação. Tinha a expectativa de ser uma profissional mais qualificada, com maior sucesso e poder atender melhor a organização em que trabalhava, conseguindo também o propósito que sempre tive na Psicologia: ajudar outras pessoas a superarem seus desafios. Por conta disso, pesquisei bastante em sites, reportagens de revistas especializadas (Você S/A, Exame, Você RH, entre outras) e conversando com colegas que já tinham passado por essa etapa. Cheguei à conclusão de realizar o curso na SLAC (Sociedade Latino Americana de Coaching).

O curso atendeu e superou minhas expectativas por ser dinâmico e mesclar a teoria com a prática. Todos passam por exercícios com a intenção de ser Coach e coachee (profissional e cliente). Saí do curso com muitas metas traçadas, uma missão estabelecida e a certeza da mudança do foco profissional, ou melhor, de ter atingido o objetivo que fui buscar. Tinha a sensação de ter me tornado mais focada e eficaz no meu trabalho.

Consegui ter a garantia disso ao praticar e receber feedbacks de colegas de trabalho. Os relatos eram de que estava mais focada, centrada, rápida, voltada à busca de soluções, trazendo de forma criativa alternativas para resolução de desafios, entre outras coisas. Lembro, inclusive, do meu gestor pedindo indicações do curso para propor que os líderes da empresa pudessem fazer, pois agora acreditava no benefício que a empresa poderia ter.

Para exemplificar objetivamente as mudanças e benefícios que tive, acredito que trazendo as diferenças entre a abordagem puramente psicológica do Coaching possa ficar mais simples:

PSICOLOGIA – O foco é ajudar o cliente a lidar com os problemas do passado que interferem no seu presente e trazem alguma angústia. Busca-se a causa, tentando achar motivos, no passado, de ser como é hoje.

COACHING – Apoia o cliente na identificação e criação de estados desejados, desenvolvendo e acessando seus recursos internos. O foco é no presente para conquista de objetivos e metas. Não se busca causas e motivos, mas amplia-se a consciência do estado atual para atingir o estado desejado.

Portanto, tive que ampliar meu olhar e minha forma de agir, deixar de focar no passado para focar no presente. Entender não os motivos ou causas, mas o estado desejado e assim ser mais objetiva e criativa para buscar meios de atingir o que foi estipulado.

No começo, essa mudança não é simples. Automaticamente, eu voltava o olhar para o passado e acreditava que assim estava sendo mais profunda nas análises. No entanto, durante as atividades, comecei a perceber que isso era um hábito que precisava ser modificado para que eu pudesse atingir o objetivo que tinha proposto, ser mais eficiente no meu trabalho.

Com os exercícios e tendo passado por todo o processo de Coaching, conquistei as ferramentas e habilidades de um Coach. Como falei anteriormente, hoje sou mais focada e estratégica tanto nos processos seletivos que realizo quanto no treinamento e desenvolvimento de pessoas e ações para busca de melhorias na empresa. Fui reconhecida pelos colegas por ser ágil na observação e precisa na análise dos candidatos X cargos, conseguindo sucesso em colocá-los nos lugares adequados, além de ter relatos de outros profissionais sobre a contribuição para um melhor desempenho de seus trabalhos após terem passado por sessões comigo.

Finalizando o artigo, acredito que mais do que palavras, quando mostramos na prática é que conseguimos convencer ou auxiliar melhor. Para tanto, compartilho com vocês que acabo de atingir uma meta traçada no meu processo de Coaching: ser referência para outros profissionais da minha área, podendo contribuir com suas formações. Para essa meta ser atingida, tive algumas ações como leituras constantes na minha área de atuação, contatos com profissionais do mercado que pudessem indicar maneiras diferentes de atuação para ampliar minha visão, estar atuante nas mídias sociais como Facebook e LinkedIn e participar de discussões de grupos de RH por e-mail.

Foi fazendo minha lição de casa que encontrei um post da Andréia Roma no Facebook e, sem muito saber o motivo pelo qual ela pedia "psicólogos com formação em Coaching", enviei um e-mail e aqui estou, finalizando um artigo que, de alguma forma, espero poder contribuir para que colegas profissionais possam, através da formação em Coaching, serem mais completos e satisfeitos com seus trabalhos. Contribuindo na empresa e na sociedade com uma visão mais humana e voltada para busca de metas, auxiliando outros a atingirem seus estados desejados.

❖ ❖ ❖ ❖ ❖

Referências Bibliográficas

LAGES, Andrea; O`CONNOR Joseph. Coaching com PNL – O guia prático para alcançar o melhor em você e em outros. Rio de Janeiro: Qualitymark, 2004

DOWNEY, Myles. Coaching Eficaz. São Paulo: Cengage Learning, 2010.

Apostila do curso Professional Coach Certification Life Coaching and Executive Coaching. São Paulo: Sociedade Latino Americana de Coaching, 2011.

9

COACHING & PSICOLOGIA

A contribuição das perguntas poderosas de Coaching para a Psicologia Clínica

Dulce Gabiate

Dulce Gabiate

Formada em Psicologia e Administração. Master Trainer em PNL e Facilitadora dos Programas de Practitioner do INAP no Rio de Janeiro.
Formada em Coaching Integrado pela ICI – Integrated Coaching Institute (Brasil). Possui certificação internacional em Coaching pelo InCoaching – Instituto Internacional de Coaching.
Tem 15 anos de atuação na área de recursos humanos em empresas de grande porte nas áreas de cargos e salários, avaliação e desempenho, recrutamento e seleção e treinamento.
Desde 1992, vem desenvolvendo trabalhos de consultoria para empresas e organizações não-governamentais com foco em transformação cultural, desenvolvimento de lideranças e integração de equipes.

Contato:
(21) 9 9999-9436
gabiate@gmail.com
www.gabiate.com.br

A arte de saber fazer perguntas é uma das ferramentas mais poderosas para alavancar o processo de Coaching e, quando usada na atividade da Psicologia Clínica, ajuda no processo de investigação do mapa mental, do "mundo interno" do cliente, bem como facilita a aprendizagem e promove seu autoconhecimento.

Inicialmente, a atividade de Coaching surgiu como uma necessidade para desenvolver talentos e preparar atletas para participar de competições, buscar novas performances e estilos, e moldar campeões.

Como os resultados demonstraram vantagens para a formação de talentos e vencedores, a atividade passou a ser experimentada por outros profissionais em empresas, inicialmente utilizadas para os principais executivos e com o tempo evoluindo para cargos de liderança e profissionais de cargos-chave das empresas.

Seu objetivo principal é ajudar o coachee (cliente) a clarificar seus objetivos e alcançar as metas desejadas, além de promover autoconhecimento, melhorias de desempenho e preparar profissionais para atuar em novos cargos e atividades. Naturalmente, a observação dos resultados positivos ampliou sua utilização para o desenvolvimento do indivíduo na sua vida pessoal, no tocante à reflexão sobre a busca de uma vida de qualidade, promoção de mudanças de estilo de vida e comportamentos, desenho de novas carreiras, negócios e outros.

O indivíduo que busca o Coaching, de uma maneira geral, é uma pessoa que já tem sua vida profissional direcionada e com êxito e almeja, por meio desse processo de trabalho, criar e desenhar um caminho para alcançar novos cargos, dar um salto na carreira, preparar-se para uma mudança de atividade ou área, ou quando do Coaching de Vida, promover mudanças em sua vida pessoal.

Já a Psicoterapia é um tipo de terapia que faz uso clínico dos conhecimentos estabelecidos pela ciência da Psicologia e tem como finalidade tratar de problemas psicológicos que afetam o indivíduo e que comprometem a sua atuação de forma positiva no dia a dia, quer seja na vida pessoal ou profissional. Um de seus principais objetivos é ajudar o paciente a se relacionar e lidar com a vida de forma harmoniosa e com qualidade. Existem vários tipos de abordagem para realização da atividade psicoterápica.

Em minhas práticas psicoterápicas passadas, costumava utilizar linhas de abordagem que me permitissem estabelecer um processo de relação de confiança e que motivassem o paciente a apresentar suas histórias, incômodos e queixas que o estavam impedindo de viver de forma prazerosa em um determinado contexto de sua vida.

Naturalmente, através da observação do seu processo de funcionamento, descrição de queixas, incômodos e formas de se relacionar com a vida, iniciava a introdução de técnicas que lhe permitissem autoconhecimento para ter maior consciência, identificar seus fatores de impedimentos e com isso criar novas formas para agir e lidar com a realidade de forma adequada e saudável para ele. O processo terapêutico se dava de forma satisfatória, porém, muitas vezes, era demorado e sem a criação de um plano que direcionasse o cliente para a conquista de mudanças efetivas e duradouras.

Quando, em 2002, travei meu primeiro contato com as técnicas de Coaching no tocante à importância da definição de metas claras e objetivas, mapeamento dos estados atual e desejado e a utilização de perguntas poderosas que promovem maior consciência sobre suas ações, percebi que estas ferramentas poderiam trazer resultados mais significativos em um curto espaço de tempo e com maiores ganhos para pacientes em processos terapêuticos.

Deste momento em diante, passei a utilizar estas ferramentas em todos os atendimentos clínicos, tanto em casos de desconforto com a vida quanto transtornos de ansiedades, depressão e outros, e com isso passei a obter melhores resultados.

Adequação das ferramentas de Coaching ao processo psicoterápico

Geralmente, todas as pessoas que procuram o atendimento psicoterápico naturalmente apresentam sintomas de desconforto em maior ou menor intensidade, que estão impedindo-as de viver de uma forma prazerosa em um determinado contexto de sua vida ou na vida como um todo. Seu objetivo principal é se livrar do sintoma e com isso voltar a viver sua vida com um nível de qualidade.

No atendimento psicoterápico, podemos fazê-las entender os processos que estejam gerando desconforto, ajudá-las a ter maior percepção das aprendizagens e mudanças que precisam realizar e com isso fazer um trabalho para alcançar uma melhoria de vida. Mas o que pude perceber e experimentar é que quando transformamos seu sintoma numa descrição de estado atual consciente e pedimos que a pessoa defina o que realmente quer viver e sentir em um estado desejado, ou seja, uma meta, despertamos seu interesse em alcançar a mudança e a utilizar recursos internos, e com isso podemos criar com mais consistência e muitas vezes, num menor espaço de tempo, um plano de mudanças que gera maior consciência, motivação e comprometimento para o efetivo alcance do estado desejado (meta).

A utilização de uma estrutura de perguntas poderosas funciona como um antídoto que estimula de forma inconsciente, trazendo à tona imagens internas criadas, significado que a pessoa dá aos conceitos que utiliza no dia a dia e uma série de outras informações que ajudam em muito o psicoterapeuta na identificação dos processos internos do seu paciente, entendendo a forma como ele percebe o mundo, os conceitos que criou sobre pessoas e eventos, as crenças que norteiam suas escolhas e os fatores que o estão impedindo de viver uma vida com maior qualidade em um espaço de tempo mais curto, sem muitas interpretações e induções, ou seja, o mais próximo das reais motivações do paciente, bem como funcionando como uma excelente ferramenta de percepção e aprendizagem para o cliente, promovendo o autoconhecimento.

A estruturação das perguntas poderosas pode ser criada de diversas maneiras. Normalmente, os programas de formação em Coaching sugerem uma lista de perguntas já utilizadas no mundo do Coaching.

Em minhas práticas, particularmente, utilizo o método de conversação da metodologia Top do ICA International, que faz parte da formação que fiz em Tecnologia de Participação, e uma pitada da visão da Programação Neurolinguística.

Na linha básica do método de conversação, nos respaldamos no conceito das quatro jornadas de consciência que utilizamos no nosso dia a dia no processo de aprendizagem, a saber: nós percebemos a realidade usando nossos sentidos - nível objetivo (visão, audição, olfato, tato, paladar); esta informação é comparada com a utilização de parâmetros internos - nível reflexivo (experiências, crenças e valores); é interpretada (processo de avaliação, julgamento e opinião) - nível interpretativo; e por último decidimos - nível decisivo (fazemos escolhas) para decidir, agir (emitir um comportamento).

Esta sequência natural, que representa o nosso funcionamento cerebral e a forma como processamos nossa comunicação interna e externa, serve de base para a estruturação das perguntas que seguem esta mesma sequência, a saber: primeiramente, perguntas objetivas, depois reflexivas, interpretativas e, por último, as decisivas.

As perguntas de nível objetivo devem promover respostas objetivas, que naturalmente descrevem o que efetivamente pode ser constatado com um dos cinco sentidos (visão, audição, olfato, tato, paladar), trazendo o nível de objetividade para se descrever um assunto ou evento de maneira mais racional, sem entrar no nível emocional ou de interpretação. Exemplo: O que viu, ouviu, sentiu, tocou, provou, cheirou? Ou algo que identifique e quantifique: O que especificamente? Quantos? Quem? Onde?

Neste nível, o objetivo é extrair dados de realidade, de sua percepção objetiva e com isso identificar informações que possam trazer processos de omissão, generalização e distorção.

As perguntas de nível reflexivo devem promover respostas que ampliem a percepção sobre lembranças, associações, recordações, sentimentos vividos, sensações do agora e aprendizagens percebidas. Aqui, o objetivo é explorar o mundo das percepções, emoções, imagens criadas na situação, os bloqueios, sentimentos, associações que estão impedindo novos comportamentos, eventos, relações. Exemplos: Descreva o que você recorda. Quais são as suas lembranças? Como você se sentiu? Este fato você associou com o quê? Como se sente agora? Que emoção você sentiu? O que você imagina que aconteceu? Em que outro momento você viveu essa situação? Como você reagiu? O que você fez no passado? Que estratégia utilizou? Que critério você usou?

As perguntas de nível interpretativo têm o objetivo de gerar respostas que tragam o conjunto de crenças, valores, forma de perceber, julgar, avaliar eventos e pessoas, critérios de escolhas e de tomadas de decisão.

Exemplos:

O que isso significa para você? Qual a sua visão sobre este evento, situação? O que você pode fazer diferente? Como você pretende fazer? O que, em sua opinião, precisa ser modificado? O que você acha que precisa mudar? Que estratégia vai utilizar? Como você quer agir? O que você pensa sobre tal pessoa? O que você imagina? Se você tivesse uma ideia, qual seria? Como você acredita que esta pessoa faria?

A pergunta de nível decisivo têm como objetivo gerar respostas que descrevam o que a pessoa irá fazer, como irá agir, o que decidiu, o que e quando vai aplicar.

Esta estruturação de perguntas tem o poder de trazer material internalizado, crenças, percepções de mundo, fatores que bloqueiam ações e, com isso, nos ajuda a direcionar as sessões e escolher ferramentas que promovam o desbloqueio, aprendizagens e ensaio de novos comportamentos.

Devem ser usadas de acordo com a sequência apresentada para permitir ao paciente um aprofundamento consciente e com isso, através de suas próprias respostas, conhecer seu processo de funcionamento para lidar com os eventos, identificar seus obstáculos e aprender a criar comportamentos mais assertivos que o levem ao alcance de sua meta / estado desejado.

Utilizar esta estruturação de perguntas irá exigir do terapeuta habilidade para escutar, observar a linguagem verbal e não verbal do paciente, saber lidar com o silêncio, esperar e, com isso, mapear as informações que irão permitir uma melhor compreensão do modelo de mundo de seu paciente. Nem sempre será possível utilizar o processo em todas as sessões em função do processo dinâmico e diferenciado que pode ocorrer em cada uma, porém posso afirmar que é uma excelente ferramenta utilizada no Coaching e que, quando utilizada nas sessões de Psicoterapia, trazem resultados de muita qualidade.

É importante dominar o processo de perguntas antes de colocá-lo em prática e lembrar que podemos construir um universo de perguntas para explorar o mapa mental da pessoa em questão. Os resultados são muito interessantes e permitem um melhor aproveitamento e direcionamento do trabalho.

Espero que a descrição da ferramenta Perguntas Poderosas (método de conversação) possa contribuir para uma melhor atuação em seu trabalho e promover novas criações e aprendizagens.

Para os que tiverem interesse em conhecer mais profundamente esta metodologia, informo que, regularmente, realizo cursos sobre a metodologia do método de conversação.

Desejo a todos uma boa aprendizagem e prática.

10

COACHING
&
PSICOLOGIA

Escolhas doentes e processos de Coaching

(Quando a sua pior decisão se torna sua melhor aliada)

João Alexandre Borba

João Alexandre Borba

Master Coach Trainer Internacional; cofundador da Academia Brasileira de Coaching e do Instituto Internacional Japonês de Coaching.
Atua como Coach de atores, atletas, executivos e casais.
É psicólogo clínico e desportivo; ministra palestras, cursos e treinamentos voltados ao autoconhecimento.
Além disso, é o criador do Programa de Treinamento LiFe Impact, voltado para desbloqueios emocionais e elevação de performance.

Contato:
joao.alexandre@live.com

"Afundei meu casamento. Meu marido me deixou e deixei que levasse meus dois meninos. Hoje moram em outra cidade. Hoje, sou somente eu e a empresa. Foi uma escolha difícil." (Ana, 55 anos).

Fui contratado para ajudá-la a melhorar sua liderança na empresa.

◆ ◆ ◆ ◆ ◆

"Abandonei o vôlei há seis meses. Estou cursando Direito. Não sei se fiz a escolha certa, mas deixei de ser o centro das conversas em reuniões familiares. Eu já não aguentava mais aquele inferno." (Leonardo, 21 anos).

Fui contratado para produzirmos motivação em seus estudos na faculdade.

◆ ◆ ◆ ◆ ◆

"Fui aprovada no teste e adivinha? Adoraram minha atuação! Se tudo der certo, o musical estreia em janeiro. Preciso te contar algo: tu acreditas que tenho a impressão de que eu não darei conta? Fomos duas finalistas. Pensei em desistir e deixar o papel para a outra atriz que estava lá. Achei ela mais viva do que eu. Entende? Loucura, né?" (Samantha, 31 anos).

Fui contratado para aumentarmos sua autoconfiança como atriz.

◆ ◆ ◆ ◆ ◆

Nas três situações acima, a capacidade em decidir encontra-se doente, hospitalizada, abafada, em coma, quase que inutilizada. Algo aconteceu. A meta foi traçada: seja iniciar uma liderança autodestrutiva, no primeiro caso; construir uma nova carreira sepultando um sonho, no segundo; ou dar o seu melhor presente sem sequer experimentá-lo, no caso da atriz.

Comentarei cada um dos casos, narrando suas principais passagens e a transição da escolha doente para a escolha saudável. Minha intenção é estabelecer um casamento sincero e sem disse-me-disse entre o Coaching e a Psicologia, ambos interessados em ajudar seus clientes a alcançarem resultados mais saudáveis e eficazes em suas vidas.

Quando comecei minha carreira como Coach, devido à dificuldade que muitos clientes possuem em tomar decisões saudáveis, vi diversos casos de Coaching se enfraquecendo e se perdendo. Aprendi, com os anos em atendimento como psicólogo, a dificuldade que é colocar o cliente em contato com os seus desejos. Muitas vezes, é mais cômodo ficar em sua pacata zona de conforto, acomodado e resmungando, assistindo a vida passar. Mudar implica avanços e ninguém avança permanecendo no mesmo lugar. "Quem não se apropria dos seus sentimentos, passa a habitar os sentimentos dos outros. Aprendi que quanto mais viva uma pessoa se encontra, mais próxima dos seus desejos ela está".

Voltemos aos casos. Ana me contratou para ajudá-la a melhorar sua performance como líder. Seu marido havia terminado o casamento e levado com ele seus dois filhos. Ao comentar sobre os meninos, seus olhos ficavam marejados e uma tristeza profunda dominava nossas sessões. Era uma mistura de saudade e arrependimento mascarada em uma postura de executiva firme e autoconfiante. Quanto mais trabalhávamos o aperfeiçoamento de sua liderança, menos comprometida minha Coachee permanecia. Seu interesse se perdia, sua motivação fugia e sua frequência às sessões diminuía. Após duas semanas faltando em nossas sessões, ela decidiu retornar ao nosso processo de Coaching. Segundo ela, sua liderança já estava "aceitável". Ela parecia estar cansada e desanimada. Perguntei se ela já havia pensado em utilizar tudo o que vínhamos trabalhando sobre liderança na sua vida pessoal. Continuamos a sessão e seu interesse começou a surgir. Seus olhos começaram a brilhar, porém, com um brilho diferente, entusiasmado, vivo. Ela disse que sempre foi uma mulher segura e que sempre priorizou o sucesso dos filhos e de sua família.

Ana: – Meu marido e meus filhos estão bem. Ganham uma maravilhosa pensão e estudam em excelentes colégios. Sou uma mãe muito boa e justa. Só gostaria de tê-los mais perto de mim.

Eu: – O que você imagina que tem funcionado em sua empresa que você tem certeza que não funciona com seus filhos?

Ana me olhou confusa e, instantes depois, se emocionou. Disse: "Eu fui tudo que acabei de te dizer, só que fui demais…"

Houve um longo silêncio. Optei por investigar mais o assunto e, finalmente, nossa sessão terminou com a seguinte tarefa: visitar seus filhos após longos três meses ausente entre viagens, reuniões e cursos de aprimoramento profissional.

Na semana seguinte, tive o prazer de vê-la chegando pontualmente e cheia de novidades. Seus filhos se assustaram com sua visita. Ela se surpreendeu com o quanto estava distante das suas verdadeiras emoções. Ao retornar, decidiu organizar mais especificamente sua empresa de modo que pudesse ver mais os meninos. Segundo ela, sua vida começou a fluir. Ela começou a ter escolhas saudáveis. Como eu sei? Pelo brilho nos seus olhos. Perdoe-me o clichê, mas é algo de que você não esquece.

Vamos para o segundo caso, o de Leonardo, 21 anos e jogador de vôlei profissional. Leonardo me contratou para ajudá-lo a se motivar com seus estudos em Direito. Havia deixado o vôlei há dois meses e pela maneira que me contava, parecia estar finalizando um relacionamento afetivo profundo e verdadeiro, daqueles em que se existisse um manual de emoções, seria ensinado a jamais se finalizar algo tão raro assim. Enfim, tínhamos que pensar agora em iniciarmos uma nova relação com o Direito. Tínhamos que encontrar motivação, interesse, conexão, responsabilidade, comprometimento, etc. Resumindo: nosso objetivo era transferir a emoção do vôlei para o Direito. Nosso objetivo era doente. Leonardo é um excelente jogador de vôlei e com chances enormes de crescer cada vez mais de acordo com seu ex-técnico. Se tudo ia tão bem para Leonardo no vôlei, o que o impedia de permanecer? Sua família seria a resposta. Leonardo vinha de uma família conservadora e metódica. *"Você deve ter uma profissão segura, com que você possa contar. Se amanhã você se lesionar e tiver que deixar de ser atleta, você vai ser o que sem um diploma na mão? A vida é cruel, garoto. Nem sempre se faz o que gosta e o que quer"*, palavras de seu pai.

Leonardo estava seguindo esse comando. Ele buscava a segurança. Nossas sessões eram extremamente oscilantes. Se fosse possível gerar um diagnóstico, eu diria que nossas sessões eram bipolares. Ora eram vivas, alegres, aquecidas e cheias de energia; ora quietas, melancólicas e sem perspectivas. Para Leonardo, sua família era como uma rocha, difícil de se penetrar. Ninguém o respeitava como atleta e ele, ao longo dos anos, aprendeu a se oferecer o "mesmo" respeito que recebera. Infelizmente, ou melhor, felizmente, após diversas sessões, constatamos que a motivação não iria fazer parte da meta inicial relacionada ao Direito. Leonardo sabia o que queria, e era ser atleta. Não há como motivar um alpinista a escalar uma montanha. A montanha já se incumbiu disso.

Eu: – Que tipo de profissional você é, Leonardo?

Leonardo: – Sou competente, eu agrego bastante ao time. Sou um bom líder, sei seguir ordens e todos me respeitam.

Eu: – Você é o profissional que eles (seus pais) sempre sonharam, só que na profissão que eles não escolheram.

O caso de Leonardo me fez lembrar quando fiz Cinema. No roteiro de alguns filmes existe um ponto chamado "Plot Point" ou ponto de virada. É quando a história dá uma brusca reviravolta. É quando o herói resolve assumir a sua missão e enfrentá-la, sabendo que virão obstáculos, monstros, dragões e, em muitos casos, a própria família. É quando o herói passa pelas grandes provações, pelas grandes decisões.

    Assim, a escolha foi encontrada: retornar ao time, ser jogador novamente. Não foi fácil. Foi bastante difícil e desgastante. Parecia que a cada sessão procurávamos renovar o fôlego. Não foi fácil, mas Leonardo conseguiu retornar ao vôlei. Em um campeonato, ao ser escolhido como um dos melhores jogadores, sua família havia ido assisti-lo. Para celebrar o fato, sua família decidiu realizar um jantar. Reunidos, conversando ao redor da mesa, Leonardo ouviu seu pai comentando com seu tio: "Se papai tivesse largado do meu pé, acho que eu teria sido um bom jogador de futebol. Quem sabe Leonardo não dá certo, hein?". Na sessão seguinte, Leonardo comentou o fato e concluiu que ele estava definitivamente no caminho certo. Fizemos uma boa escolha.

    O próximo caso foi com Samantha, uma simpática atriz, que havia passado em um teste complicado de elenco. Na final, ela venceu uma outra atriz que, de acordo com Samantha, tinha se saído muito melhor, fato discordado veementemente pelo diretor do programa. Entretanto, Samantha e eu lutávamos ferozmente contra sua autoestima. Samantha chegou ao ponto de ligar para a outra atriz e dizer que talvez não conseguiria atuar no programa e perguntar se, caso ela desistisse, a outra finalista poderia se apresentar em seu lugar. Não preciso dizer que a outra atriz ficou esfuziante de alegria. Durante aquela semana, Samantha recebeu ligações diárias sendo cobrada se iria ou não permanecer no programa. Devido à sua indecisão, a outra atriz chegou a ligar para o diretor pedindo uma segunda chance, pois talvez Samantha não fosse se apresentar. Confuso, o diretor ligou para Samantha e combinaram de ter uma reunião com as duas na terça-feira seguinte. Segunda-feira, nós tínhamos nossa terceira sessão. Nosso objetivo era aumentar sua autoestima. Samantha chegou atrasada na sessão. Faltavam 20 minutos para acabar nosso horário. Ela estava confusa e ansiosa. Perguntei se ela não gostaria de me encontrar novamente para termos outra sessão no final do dia. A intenção era ajudá-la. Tínhamos poucas sessões e o caso era muito recente. Nossa sessão estava marcada para às 21 horas. Infelizmente, só eu estive presente.

    Fiquei umas duas semanas sem ter notícias dela. Nem minhas mensagens nem minhas ligações eram respondidas. Após este tempo, Samantha me contou o que havia ocorrido. No dia seguinte, ela foi ao encontro do diretor, sem saber o que faria. Ao chegar à reunião, a outra atriz já estava presente e o diretor perguntou a Samantha: "Posso contar com você no programa? Sim ou não?"

Ela hesitou tanto em responder que perdeu sua chance. Samantha achou a oportunidade grande demais, por isso o receio de não dar certo. Trabalhamos durante um tempo como aumentar sua capacidade de merecimento. Atualmente, ela tem tido boas oportunidades em apresentações e programas, mas ainda não surgiu uma tão boa quanto aquela. Samantha aprendeu que a vida não te espera. Sua escolha foi uma escolha doente. Por sempre se achar inferior, suas escolhas era feitas para inferiorizá-la. Seu sucesso possuía limites, exatamente algo que o sucesso não entende.

Acredito que os casos citados demonstram claramente como podemos tomar decisões muitas vezes cegas e seguirmos por caminhos cheios de escolhas perdidas, desvitalizadas e doentes. É importante que o profissional possa conseguir detectar quando o cliente se encontra girando em um eterno círculo vicioso. Concluo, após anos de prática, que meu trabalho como Coach e Psicólogo está muito mais ligado a uma verdadeira tomada de consciência dos meus clientes com relação à sua própria vida do que qualquer outra meta ou objetivo que eles considerem mais importante. Assim, o mais valioso e essencial dentre os conhecimentos que uma pessoa deve buscar é o autoconhecimento. O único dos conhecimentos que funciona melhor na prática do que na teoria.

Se você se interessa por comportamento humano, você o estudará até o último dos seus dias e mesmo assim você sempre terá a sensação de que ainda falta muito o que aprender. Antes de qualquer conhecimento, existe o ser humano e ele é incrível. Prefira estar presente em uma sessão a estar ausente com uma mente cheia de teorias. Aprendi com grandes professores e mestres que o segredo de uma boa decisão está no quanto a minha escolha me mantém inteiro.

11

COACHING
&
PSICOLOGIA

As semelhanças entre Psicologia e Coaching

Luana Zanelli

Luana Zanelli

Psicóloga formada pela PUC-Rio em 2003.
Pós-graduada em Gestão de RH e Docência do Ensino Superior pela UCAM, em 2006. Pós-graduada em Planejamento, Implementação e Gestão de EaD pela UFF, em 2011.
Certificada internacionalmente em Coaching pela Abracoaching / IBC, em 2011. Grafóloga pela Dom Graphein, em 2011.
Atua na área de Gestão de Pessoas, desde 2003, com recrutamento, seleção e avaliação de profissionais; avaliação de desempenho; laudos psicológicos e grafológicos.
Desde 2004, é Psicóloga Clínica em consultório próprio. Também desenvolve trabalhos como Coach, atendendo pessoas físicas e jurídicas em seu consultório e empresas.

Contato:
(21) 3064-5555 / (21) 99999-9039
luana@luanazanelli.com.br
www.luanazanelli.com.br

> *"O importante e bonito do mundo é isso:*
> *que as pessoas não estão sempre iguais,*
> *ainda não foram terminadas, mas que elas vão sempre mudando.*
> *Afinam e desafinam."*
> *(Guimarães Rosa; Grande Sertão Veredas)*

❖ ❖ ❖ ❖ ❖

Objetivamos debater sobre temas relativos à Psicoterapia, enquanto prática da Psicologia clínica, e Coaching, enquanto prática de atendimento individual. Antes, porém, precisaremos passear por e contextualizar, ainda que brevemente, determinados conceitos.

Psicologia – Conceitos

A Psicologia foi considerada ciência na Alemanha, no final do século XIX, quando se diferençou da Filosofia, através dos estudos de Wundt, Weber e Fechner, dentre outros, tais como Titchner e James. Esses teóricos definiram e delimitaram (da Filosofia e Fisiologia) os objetos de estudo da Psicologia, que eram o comportamento, a vida psíquica e a consciência do homem. Foi nos EUA, no entanto, que a Psicologia criou maior estrutura e corpo e pôde dar seguimento à prática e à diferenciação das linhas de pensamento.

Resumidamente, pode-se conceituar a Psicologia como sendo o estudo sobre (do) o homem, sobre a subjetividade humana. Esse termo sugere uma grande amplitude de estudo e de diferentes linhas de pensamento. Não vamos desenvolver nem conceituar cada uma destas linhas de atuação da Psicologia, já que este não será nosso objetivo.

Segundo Bock (2011), a identidade e singularidade da Psicologia é aquilo que a difere das outras ciências humanas; as tantas correntes que veem o homem de uma forma particular, construindo conhecimentos e estrutura diferentes e específicas a cada linha de pensamento, que são abordadas na prática clínica. A matéria-prima de estudo, portanto, é o homem em todas as suas expressões: as visíveis (comportamentos), as invisíveis (sentimentos, inconsciente, mundo interno), as singulares (porque cada ser difere de todos os outros) e as genéricas (porque todos somos da mesma raça humana).

A Psicologia, portanto, é a ciência que se debruça sobre a subjetividade e, neste sentido, falamos de homem-corpo, homem-pensamento, homem-afeto (que se vê afetado porque sente), homem-ação. Subjetividade é a forma de sentir, pensar, fantasiar, sonhar, amar e, sobretudo, ser de cada um. É aquilo que constitui o que somos, na diferenciação e na semelhança com todos os outros seres humanos e até de nós mesmos.

No Brasil, a Psicologia foi reconhecida como profissão apenas em 1962, a partir da Lei 4.119. São considerados Psicólogos e habilitados a atuar nesta profissão aqueles que concluíram a graduação em Psicologia e que possuem o registro no órgão competente: o CFP (Conselho Federal de Psicologia) e suas regionais (os CRPs).

O exercício da profissão de psicólogo, de acordo com a referida Lei, está relacionado ao uso (apenas para este profissional) de métodos e técnicas com o objetivo de diagnóstico psicológico, orientação e seleção profissionais, orientação psicopedagógica e "solução de problemas de ajustamento".

Hoje em dia, o psicólogo é também reconhecido como profissional de saúde. Segundo a Organização Mundial de Saúde (OMS), saúde é o "estado de bem-estar físico, mental e social" que permite a toda uma comunidade (re)produzir e viver de forma saudável. A partir dessa definição, o psicólogo deve empregar seus conhecimentos da teoria que embasa a sua profissão para a promoção de condições satisfatórias de vida na sociedade e enquanto ser humano e cidadão que é, está e se relaciona.

A profissão de psicólogo é caracterizada pela aplicação dos conhecimentos e técnicas da teoria da Psicologia, segundo a Lei 4.119, e, portanto, deve / pode atuar em consultórios/clínicas, escolas, hospitais, creches, orfanatos, empresas/organizações, sindicatos de trabalhadores, presídios, instituições de reabilitação de deficientes físicos e mentais, ambulatórios, postos e centros de saúde, dentre diversos outros.

Apesar do psicólogo ter o seu trabalho (e atuação) profissional relacionado às condições da vida em sociedade, atua na subjetividade e singularidade humanas, de cada vida, de modo único e diferenciado. Assim, a intervenção deste se dá junto a indivíduos, grupos e instituições, e objetiva autoconhecimento, desenvolvimento e bem-estar pessoal, grupal e institucional.

COACHING – CONCEITOS

O Coaching não é considerado (ainda) uma ciência regulamentada, com seu devido conselho e legislação próprios. Nem por isso, é uma prática (e teoria) simples de ser conceituada.

Coaching é considerado um processo (ou metodologia, ou ferramenta) que objetiva levar o indivíduo a alcançar sua meta, aumentando sua eficiência pessoal e profissional.

Neste texto, utilizaremos o Coaching enquanto processo, pois sugere movimento, "sair do lugar comum". E, enquanto processo, utiliza metodologias, ferramentas, técnicas e dinâmicas, conduzidas pelo Coach (o sujeito especialista em Coaching) em parceria e sinergia com o coachee (o cliente), para que este alcance os resultados que deseja.

É um processo colaborativo e a interação acontece em um ambiente seguro e confiável, para que se chegue à clareza de valores, definição de metas, tomada de decisão, planejamento de vida, carreira e, principalmente, de ação.

O coachee atua diretamente no caminho para a realização da(s) meta(s) determinada(s) (por ele ou por seu gestor). Já o Coach tem o papel de desafiá-lo, estimulá-lo e orientá-lo, ajudando-o a identificar suas potencialidades, para alcançar a meta de forma consistente e efetiva, através de ferramentas que fundamentam e dão perspectiva e estrutura necessárias para realizar cada vez mais, dentro de um caminho de autorresponsabilização.

Em linhas gerais, o coachee, no início do processo de Coaching, está no "ponto A", que é a posição que ele ocupa neste momento – seja ela no âmbito pessoal ou profissional. Na maioria dos casos, este é um local de desconforto e angústia e ele deseja (ou busca o desejo de) mudança.

A partir daí, o coachee vai definir / (re)conhecer a sua meta. Se ele não sabe qual é o ponto em que deseja chegar, é possível que o Coaching não seja o mais indicado. "Para quem não sabe para onde vai, qualquer caminho serve", já dizia Lewis Carroll em um diálogo entre Gato e Alice, em "Alice no País das Maravilhas".

Já ciente de qual é o "ponto B" – a sua meta, objetivo, foco, desejo, a posição que quer ocupar – o Coaching será o processo de caminhada para chegar, com maior eficácia, eficiência, segurança e assertividade, a este ponto-desejo.

O coachee planeja o seu caminhar e executa, repetidas vezes, o processo de ir ao encontro da meta junto com o Coach e depois pratica sozinho (pois terá autonomia para) as ações que objetivam o desenvolvimento e/ou aprimoramento de suas próprias competências.

O Coach é, então, um facilitador-treinador, que vai acompanhar de perto a evolução e o desempenho do coachee. É o profissional que contribui com questionamentos, observações, feedbacks, técnicas e ferramentas. O Coach propõe os ajustes necessários, de acordo com as potencialidades do coachee, e equipa-lhe de ferramentas que o auxiliem neste processo para que, ao final dos seus encontros, o coachee possa se responsabilizar pelas suas futuras e constantes caminhadas em direção aos seus desejos.

O Coaching, então, objetiva desenvolver e aprimorar o potencial do ser humano, para que este potencialize seu desempenho e realize / alcance o que antes parecia longínquo.

Semelhanças entre Psicologia e Coaching *

Na literatura, há um estigma de que Psicologia é uma coisa, Coaching é outra, totalmente diferente. E que elas não se cruzam! Vamos falar, agora, do que essas duas teorias e, principalmente, práticas, congregam de equivalência. Objetivamos não apenas gerar informação, mas, principalmente, expor pontos que nos façam pensar acerca de possíveis pré-conceitos que possamos ter a respeito destas categorias profissionais enquanto afinidades.

Toda aprendizagem é emocional. Passa pela emoção, pelo sentir. E aprende-se em Psicoterapia e em Coaching. Neste ponto, há um cruzamento. Apesar de Coaching não ser "terapia", é "terapêutico", pois leva a pensar, ao questionamento, à transformação.

Tanto o Coaching quanto a Psicoterapia têm um mesmo objetivo: chegar a um resultado. Ambos estão direcionados para o cliente. O resultado dele é a "meta" do psicoterapeuta e do Coach.

O profissional (psicoterapeuta ou Coach) hora nenhuma vai dizer o que e como deve ser feito o movimento pelo cliente. Ambos farão questionamentos / perguntas e levarão o cliente à autoavaliação (e à ação) para dar o passo. O profissional oferece ferramentas para que ele caminhe só.

É exigido, tanto do psicoterapeuta quanto do Coach, uma série de intervenções. Ambos não se limitam ao material / discurso que o cliente oferece. O profissional explora, interroga, investiga para que aquele dê o seu melhor para o processo que está sendo vivenciado.

---

*Para facilitar e esclarecer a compreensão deste, usaremos a nomenclatura "cliente" para denominar "paciente" e "coachee". Quando for necessário utilizar o termo só para diferenciar pacientes de coachees, usaremos a nomenclatura correta, da categoria.

A relação e interação estabelecida, portanto, nas duas abordagens é de confiança, parceria e segurança. A partir deste "casamento", o cliente terá acesso a benefícios e possibilidades de gerar uma vida melhor para si mesmo.

O profissional, seja de Psicoterapia ou de Coaching, promove o diálogo, intervém, tira o cliente do lugar comum de conforto onde ele está estabelecido. Esse profissional, então, tem uma participação ativa no processo. É um jogo de atividade x invisibilidade.

Apesar de o profissional ter uma participação ativa no processo, ele precisa ser cuidadoso para não ser curioso "para o que não importa". Muitas vezes, o cliente traz um discurso que é irrelevante, não importa para aquilo que está sendo trabalhado. O profissional deve ser habilidoso o suficiente para "deixar passar" aquilo que possa tirar o cliente do foco. Ele deve, portanto, todo o tempo, levar a sua atenção (e a atenção do seu cliente) para o seu sintoma / meta.

Ainda que esse profissional tenha essa postura ativa e perceptiva, ele deverá ser invisível, no sentido de não falar de si em um processo que não é seu. O processo é do seu cliente. Então, ainda que ele conheça alguém ou tenha vivido algo semelhante, ele deverá ser discreto e silencioso. Não importa sua vida ou experiência pregressa, e sim a sua habilidade em conduzir o processo.

Não existe fórmula para Psicoterapia ou Coaching eficaz. Cada cliente demanda uma forma diferente de condução. Pessoas diferentes requerem metodologias diferenciadas. O profissional, portanto, deverá ser flexível e estudioso o suficiente para que perceba em que momento o seu cliente está e que método ele deverá utilizar naquele caso.

É preciso, então, habilidade e atitude por parte do profissional, pois dependerá do feedback do seu cliente a forma como ele deve se colocar: mais ativo, mais passivo, mais diretivo, mais firme, mais afetivo, etc.

O silêncio acontece em qualquer abordagem. O profissional deve ser habilidoso não para interpretar, mas para respeitar o momento silencioso do seu cliente. Nem sempre se sabe o que está se passando do lado de dentro (por vezes, nem o próprio cliente). O silêncio, portanto, também é uma resposta ou a busca por uma. Respeito e cuidado, portanto, devem estar presentes no processo para que este não seja invasivo e se dê no ritmo que é possível. Quem dirige o próprio carro é o cliente; Psicoterapeuta / Coach é o copiloto.

Pressupondo que uma sessão de Psicoterapia ou Coaching dure uma hora e aconteça uma vez por semana, é importante que o profissional saiba quem é o seu cliente fora dali, nas outras 23 horas do seu dia. Este profissional se orienta para o comportamento e atitudes do cliente fora da sessão, com o objetivo de centrar a atenção dele sobre si mesmo, em seu mundo / ambiente, mais do que em sua relação transitória com o processo. Deve ser feita, então, uma orientação – do profissional para o cliente – para a realidade, para a vida real, concreta e vivida por ele.

Quando um sujeito busca um processo, seja ele Psicoterapia ou Coaching, de forma geral ele procura o desejo pela autocompreensão e a participação ativa nesta caminhada; a disposição para experimentar e tentar mudanças em si e na sua vida; a esperança e o desejo para que o "tratamento" dê certo; a disposição para realizar certos sacrifícios, principalmente, sair do lugar comum para chegar a este lugar novo.

Acreditamos em um tripé para qualquer tipo de relação, seja na Psicoterapia ou no Coaching:

• **Contato empático.** O psicoterapeuta / Coach deve ser capaz de compreender o que o seu cliente diz (em palavras e em atos). A empatia se dá, também, através da escuta ativa (desprovida de julgamentos), de estar atento ao discurso, emoções, gestos e comunicação não verbal do cliente.

• **Acolhimento.** O psicoterapeuta / Coach deve ser capaz de demonstrar em atos, tons de voz e linguagem não verbal que o cliente não lhe é indiferente. Como seres humanos que são, ambos devem ter afeto (aquele que se vê afetado por) profundo, discreto, não invasivo, mas perceptível. A discrição do profissional não pode permitir que não haja afeto. O acolhimento fala do amor pela profissão e pelo outro (amor = ternura, solidariedade, simpatia pela condição humana), que deve funcionar como estímulo na motivação para o processo.

• **Espontaneidade.** A relação que se estabelece deve ser séria, mas leve. O psicoterapeuta / Coach contribui para criar um clima de liberdade, criatividade, tolerância e, sobretudo, confiança e parceria. O profissional convida o cliente a exprimir, da melhor forma, o que acontece e leva-o a encontrar possibilidades de resolver seus conflitos. A espontaneidade do terapeuta facilita que o cliente seja, também, espontâneo e libere-se das suas amarras, para que o processo aconteça sem barreiras.

O que a Psicoterapia e o Coaching requerem é fazer com que o paciente comprometa-se com o processo pelo qual está passando e, principalmente, com a própria vida e consigo mesmo.

As modificações que acontecem na vida do cliente podem perdurar mesmo após o processo ter sido finalizado. Estas não cessam com finalização da Psicoterapia / Coaching. O que ele aprende e apreende sobre si, suas escolhas e sua vida perduram. E, em geral, tais mudanças acontecem também em âmbitos diferentes daquele relacionado à meta ou ao problema que o cliente veio buscar.

Conclusão

Já ouvi e vivi preconceitos (também de colegas de profissão) tais como "Você é psicóloga e Coach?", "Mas Psicologia é faculdade, né? E Coaching?", "Se eu quiser ser Coach, basta fazer essa formaçãozinha que você fez?", dentre outras. Na maioria das vezes, o meu sorriso silencioso foi sempre a mais adequada resposta. "Ainda vou escrever sobre isso", eu pensava. E chegou a hora, sem que eu estivesse esperando.

Tentei escrever este capítulo não pensando na minha prática profissional e acadêmica, mas sim estudando e convergindo teoria e vivência, para que pudesse ser algo fidedigno e, principalmente, próprio, pessoal.

Apesar de práticas diferenciadas, Psicoterapia e Coaching convergem em muitos aspectos e espero que tais semelhanças possam começar a desmistificar determinados preconceitos. Também espero que nos leve a pensar sobre a melhor prática – Psicoterapia ou Coaching – para qual tipo de pessoa.

Além de acreditar que cada um (seja pessoa física ou jurídica) demanda o que acredita ser melhor para si ou para a sua organização, sou da teoria que todos nós seríamos beneficiados tanto da Psicoterapia quanto do Coaching.

Você tem uma meta na vida? Todos temos. Ainda que sua meta seja "viver", "ter saúde" ou "ser feliz", o que está fazendo de melhor, hoje, para chegar até lá?

Você deseja conhecer e explorar mais suas potencialidades e, cada vez mais, surpreender-se com a própria força interna, tantas vezes obscura?

Você gostaria de se presentear com um momento para falar de si e dos seus desejos?

Fica o meu desejo de que este capítulo tenha lhe ajudado a conhecer as semelhanças entre Coaching e Psicoterapia e que tenha acendido uma chama interna para que você se abra ao novo.

Seja Psicoterapia ou Coaching a abordagem que norteie a sua prática ou a sua busca pessoal / profissional, que possa existir o abandono do preconceito (pelo não conhecimento) e que você possa buscar para a sua vida aquilo que faz sentido para você.

Aquilo no qual acreditamos nos fortalece, nos motiva e nos conduz a algo de muitíssimo valor: nós mesmos.

REFERÊNCIAS BIBLIOGRÁFICAS:

BOCK, Ana Mercês Bahia, et al. Psicologias: uma introdução ao estudo da psicologia. 13. ed. Rio de Janeiro: Saraiva, 2001.

BRASIL. Lei 4.119. 27 Agosto 1962. Disponível em: <http://legis.senado.gov.br/legislacao/ListaNormas.action?numero=4119&tipo_norma=LEI&data=19620827&link=s>. Acesso em: 17 out 2013.

CARROLL, Lewis. Alice no país das maravilhas. São Paulo, 2000.

CLUTTERBUCK, David. Coaching Eficaz. São Paulo: Editora Gente, 2008.

FIORINI, Héctor Juan. Teoria e técnica de psicoterapias. São Paulo: Martins Fontes, 2008.

MARMO, Alda. Life coaching ou terapia? In: PERCIA, André; SITA, Maurício. Manual completo de coaching. São Paulo: Editora Ser Mais, 2011.

PACHECO, Gilson. Coaching, consultoria e terapia: sacos diferentes da mesma farinha? In: PERCIA, André; SITA, Maurício. Manual completo de coaching. São Paulo: Editora Ser Mais, 2011.

12

COACHING & PSICOLOGIA

O Coaching e seus estados do ego

Moacir Borges da Silva

Moacir Borges da Silva

Master e Trainer em Programação Neurolinguística – Certificação International The Society of NLP; master Coach – Certificações Internacionais - ICI – International Association of Coaching Institutes e Metaforum International; Coach – IBC – Instituto Brasileiro de Coaching; diretor, Coach e trainer de PNL no Instituto Essência do Saber; bacharel em Ciências Contábeis – UNIOESTE; Bacharel em Direito – UNIVEL; pós-graduado em Auditoria e Gerência Financeira – UNIOESTE – UEM; formação em Análise Transacional - AT-202; doutorando em Psicologia Social – Universidad Argentina John F. Kennedy; professor do curso de Ciências Contábeis da UNIOESTE Campus de Cascavel e de pós-graduação em entidades como: UNIVEL, FAMIPAR – Cascavel e UEM – Maringá; facilitador da ESAT - Escola Superior de Administração Tributária do Paraná.
Auditor da Receita Estadual – 12ª DRR – Foz do Iguaçu.

Contato:
(45) 3039-5022 / (45) 9101-6472
institutoessenciadosaber@gmail.com
iesaber.com.br

Atualmente, o Coaching tem avançado e conquistado grande espaço no mercado, numa relevante descoberta no processo de objetivos, metas e resultados eficazes, o que fez multiplicar-se o interesse de profissionais de áreas diversas a adentrar neste promissor mercado.

Podemos observar que características específicas e limitantes de determinados Coaches resultam em resistências e demora na obtenção do estado desejado e não raro a desistência do processo de Coaching em forma de fuga, na maioria das vezes inconsciente.

Ao se buscar maior qualidade no trabalho do Coach para a condução eficaz do processo de Coaching, este deverá estar atento em tempo integral à congruência da comunicação verbal e aos sinais e microssinais não verbais do coachee. Formas estas que, se bem lidas pelo Coach, potencializam o uso de ferramentas capazes de impulsionar o coachee para a eficiência e rapidez no alcance dos resultados desejados.

Com essa perspectiva, é necessário que se aponte ao Coach novas possibilidades de se conhecer melhor o coachee desde a prospecção até o desenvolvimento das sessões e a conclusão do Coaching.

Visto o que se comentou, o Coach em muitos casos necessita de ferramentas que vão além dos aspectos meramente técnicos, racionais e sistematizados. Isso implica em avançar para além da lógica. É conveniente que se avance com mais profundidade aos aspectos especiais dos hemisférios cerebrais e analisar os estados de ego do coachee.

O estudo dos estados do ego foi desenvolvido por Eric Berne (1910-1970), psiquiatra canadense radicado na Califórnia, EUA. Em 1956, após romper com a psicanálise, criou uma teoria nova da Psicologia, a Análise Transacional (AT), com 10 instrumentos e para esta análise utilizaremos um, o chamado Estado do Ego.

Eric Berne (apud CREMA, 1985: 126) evidenciou claramente na personalidade duas realidades psicológicas distintas: a primeira, lógica e racional, óbvia para o mundo externo; e a segunda uma relíquia do que a pessoa foi quando pequena, desprovida de lógica, carregada de emoções e sempre em comunicação subjacente com o facilitador. Posteriormente, diferenciou dois tipos de "gente grande viva": um, autônomo; e o outro copiado dos pais, com pensamentos predeterminados, remontando as gerações anteriores, sem atualização. Emprestado do psicanalista Paul Federn, Berne utilizou o termo estados do ego para denominar estas realidades psíquicas.

O estado do ego pode ser descrito como um sistema coerente de sentimentos ou como um conjunto de padrões coerentes de comportamento.

As manifestações de estados do ego são chamadas de **pai, adulto e criança**. As pessoas podem transitar rapidamente ou não de um estado do ego para outro, o que demonstra seu padrão de conduta e suas características de personalidade.

Estado do ego pai

São registros cerebrais advindos de figuras parentais (pai, mãe, avós, tios etc.) como eventos não questionados, as imposições, as permissões ou proibições, as regras gerais que lhes facilitaram a sobrevivência, adquiridos até aproximadamente os primeiros cinco anos de vida. O pai se caracteriza pelo **pai crítico**, P.C., que é o controlador, e pelo **pai protetor**, P.P. ou Natural, o permissor.

Comportamentos:

Pai crítico: autoritário, recriminador, passa as tradições, desvalorizador, dá severos conselhos, admoestador, tirânico, preconceituoso.

Pai protetor: estimula, educa, superprotege, lidera, serve, aconchega, acalenta, acaricia, impede o desenvolvimento, impede as responsabilidades.

O pai é o modelo de ação para agir, centrado no "como". Exemplos: sentar, comer, comportar-se, estudar, trabalhar etc.

Estado do ego adulto

Este estado do ego é a parte da personalidade que não julga, cuja função é processar dados no pai e na criança, e em sua observação dos fatos. Quanto maior a capacidade de processar dados e processá-los com eficiência, maior a qualidade das decisões. Por essa razão, é comum mais amadurecimento com o tempo, porém, este não guarda, necessariamente, uma relação direta com a longevidade de vida da pessoa.

Comportamentos:

A coleta objetiva de dados, a organização, a avaliação dos fatos, a análise dos dados, a computação de informações.

O adulto é o modelo de ação para agir, centrado no "quais". Exemplos: dados, decisões, reações, informações etc.

ESTADO DO EGO CRIANÇA

Este estado do ego é o aspecto da personalidade mais agradável, sendo a mesma parte que age e da mesma forma que você agia quando criança. A criança se expressa em Criança Livre ou Natural e a Criança Adaptada, esta última subdividida nos aspectos Submissa, C.A.S, a que cumpre, e Rebelde, C.A.R, a que desafia; temos ainda o Pequeno Professor, Peq. Prof., como análise estrutural de segunda ordem, significando o Adulto da Criança, com características tanto positivas como negativas.

Comportamentos: infantilidade, emoções autênticas e disfarces, comportamentos naturais, ingenuidade, criatividade, impulsos.

EMOÇÕES DA CRIANÇA

Criança livre, C.L. ou natural, contém as emoções autênticas como amor, afeto, alegria, tristeza, raiva e medo.

Para a **criança adaptada** o disfarce é uma faceta importante na análise, já que é o resultado do condicionamento social que se estabeleceu como padrão habitual por ter sido útil em alguma ocasião, instalado e reforçado, vindo a causar grandes danos e sofrimentos para a pessoa, no momento e no futuro.

A **criança adaptada submissa** contém falsa alegria, falso afeto, depressão, fobia, ansiedade, angústia, inadequação, preocupação, insegurança, culpa, confusão, vergonha, rejeição, fracasso e desespero.

Já a **criança adaptada rebelde** contém ódio, ressentimento, desconfiança, desafio, ciúme, inveja, orgulho, triunfo maligno e explosões de ira.

A criança é o modelo de ação para agir, centrado no "sentir". Exemplos: oba, uia, salve, urra, legal, festa, yes etc.

Podemos sintetizar os estados de ego como: o pai julga, certo, errado; o adulto pensa, reflete; e a criança sente, intui.

O desafio maior do Coach é compreender com profundidade os três estados do ego que com suas características desdobraram-se em seis, a ponto de identificar com precisão quando os mesmos não estão separados, ocorrendo assim a contaminação e o possível enraizamento das limitações do coachee, o que o leva ao impedimento do desenvolvimento de estratégias mentais rumo à solução daquilo que quer e assim não consegue aproximar-se da meta, gastando suas energias excessivamente sem resultados.

Para que haja o pleno desenvolvimento dos estados do ego, os mesmos não podem se sobrepor, necessitam de um funcionamento independente, ou seja, cada um funcionando sem interferências no outro. Quando esta interferência ocorre, chamamos de contaminação.

Sobre a análise funcional da personalidade, Berne (apud KERTÉSZ, 1987: 42) diz que "chama-se assim por analisar como funcionam, como se manifestam os estados do ego, "para fora", quando falamos ou atuamos". Berne havia descrito cinco sinais desses comportamentos objetivos (1972), que estendemos para 12:

OS 12 SINAIS DO COMPORTAMENTO OBJETIVO (EXTERNO, PÚBLICO)	
SINAIS DO COMPORTAMENTO VERBAL (LINGUAGEM)	1. Palavras e frases, sintaxe. 2. Tons da voz. 3. Ritmo da fala, velocidade. 4. Volume (intensidade).
COMPORTAMENTO NÃO-VERBAL (CORPORAL)	5. Olhar (expressão das pupilas). 6. Expressão facial (músculos do rosto). 7. Gestos e movimentos (mãos, braços, pernas, pés, colo, ombros, movimentos da cabeça). 8. Postura corporal (tronco, quadris). 9. O vegetativo (cor da pele, tônus muscular, palpitações cardíacas, ritmo respiratório, volume do lábio inferior). 10. Distância física de que se mantém em relação aos outros. 11. Velocidade e ritmo dos movimentos corporais. 12. Vestimenta (roupa, adornos, maquiagem).

A descoberta dos melhores caminhos e a iluminação deste demandam a escolha de holofotes mais potentes, aliada à melhor caixa de ferramentas, com importantes instrumentos para o desbloqueio do campo mental do coachee, se a limitação for latente. Assim, cabe ao Coach conhecê-las, oferecê-las e administrar sua utilização.

QUADRO DIAGNÓSTICO FUNCIONAL DOS ESTADOS DO EGO COM CINCO SINAIS DE COMPORTAMENTO

ESTADOS DO EGO	SINAIS DE COMPORTAMENTO					
	PALAVRAS	TOM DE VOZ	EXPRESSÃO FACIAL	GESTOS	POSTURA CORPORAL
PAI CRÍTICO	Você deve.... Tem que.... Vergonha...	Crítico. Escarnecedor.	Cenho franzido. Comissura dos lábios para baixo.	Dedo acusador. Braços cruzados. Punhos na cintura. Mandíbula levantada.	Tronco ereto (pomposo, arrogante).
PAI NUTRITIVO (Protetor)	Pobrezinho... És capaz... Conta comigo... Parabéns...	Lamurioso. Carinhoso. Cálido. Cordial.	Sorridente. Compreensiva. Comissura dos lábios.	Braços abertos. Braços que rodeiam ou apoiam a cabeça nos ombros.	Tronco arqueado para os outros.
ADULTO	Está certo... Por quê? Os dados indicam que...	Uniforme. Modulado.	Serena. Alerta. Concentrada. Lábios horizontais.	Mão sustenta o queixo (posição de telefone). Dedo indicador para cima.	Erguido sem tensão natural. Inclinado sobre objetos.
CRIANÇA LIVRE	Ufa! Que lindo! Gosto/não gosto. Quero/não quero.	Forte. Sonoro. Inocente. Cheio de emoção.	Mostra suas emoções (raiva, tristeza, alegria etc.). Variável com as mesmas.	Desinibidos. Espontâneos. Pernas separadas.	Livre. Estirado. Relaxado. Não é solitário.
CRIANÇA SUBMISSA	Por favor... Vou trabalhar... Não sei se poderei... Teria que... Custa-me...	Submisso. Choroso. Sobe e desce.	Temerosa (evita olhar nos olhos). Abaixa a vista. Lábios trêmulos.	Torce as mãos. Ombros encolhidos. Tensão geral.	Contraído. Encurvado.

CRIANÇA REBELDE	Que me importa? Não tenho vontade... Já vou, já vou...(e não vai).	Hostil. Desafiante.	Provocante, desafiante. Lábio inferior apertado.	Aperta os punhos. Estira o peito. Sapateia. Encolhe os ombros.	Tronco estirado. Peito estufado, desafiante.

Kertész, Roberto, 1987, Análise Transacional ao Vivo, p.46

Acima está apenas alguns possíveis comportamentos do coachee, o que serve para balizar diversos outros que surjam nas sessões de Coaching. Utilizando essa metodologia, o sucesso do coachee está intimamente ligado à capacidade do Coach também em fazer perguntas adequadas, úteis e estimulantes, capazes de produzir resultados extraordinários. Fazer perguntas poderosas no momento certo estimula o coachee a aliciar as respostas que esclarecem suas próprias dúvidas.

Aqui, o Coach recebeu um conteúdo de ampliação de possibilidades muito mais apurada e refinada para fazer questionamentos bem alinhados e que contenham a capacidade de apurar pontos específicos, principalmente sobre a resistência do coachee e, assim, executar procedimentos capazes de levá-lo a atingir seus objetivos em menor tempo com menos desgaste, com sucesso pleno tanto do Coach quanto do coachee.

13

COACHING
&
PSICOLOGIA

A consciência do Ser e o pensamento sistêmico

Sueli Cassis

Sueli Cassis

Psicóloga, especialista em Psicologia Clínica e Organizacional. Realiza Treinamentos e ministra aulas na área de Relações Humanas na Academia de Polícia Civil de São Paulo desde 1986. Formada em PNL pela PAHC – Programação em Autoconhecimento e Comunicação há 18 anos, onde atua como Consultora e Trainer em PNL Sistêmica ministrando cursos de aplicação e formação, desde então.

Formação em Saúde com Robert Dilts, Suzy Smith, Tim Hallbom e Allan Ferraz em 1995, tornando-se membro da "Comunidade Mundial de Saúde com PNL".

Master Trainer em Programação Neurolinguística, formada pela NLP University, em Santa Cruz/California, em 2011, tornando-se membro da "GTC – Global NLP Training and Consulting Community".

Contato:
(11) 9 9111-1106
sueli@pahc.com.br / suelicassis@hotmail.com
www.pahc.com.br

> *"Sua visão se tornará clara somente quando você olhar para dentro do seu coração. Quem olha para fora, sonha. Quem olha para dentro de si, desperta"*
> (Carl Gustav Jung)

❖ ❖ ❖ ❖ ❖

Não me lembro de quando foi a primeira vez em que ouvi falar em Psicologia; o que me lembro é de que minha decisão por seguir essa carreira aconteceu quando cursava o Magistério. As professoras de Psicologia, Filosofia e Desenvolvimento e Educação Infantil falavam do ser humano com tanta propriedade e respeito que me levavam à curiosidade diante da possibilidade de poder desvendar os mistérios do inconsciente. Aliás, entender a magia da formação do corpo humano a partir de duas pequenas células já era algo que me intrigava; compreender como surgia o pensar e a subjetividade do pensamento dentro desse corpo, então, me fascina até hoje.

Durante cinco anos de faculdade aprendi como surgiu a Psicologia, como ela foi reconhecida como uma ciência e vivenciei experiências nas diferentes linhas de pensamento e abordagens de como lidar com o ser humano e seus problemas nas diferentes áreas de sua abrangência (pessoal, educacional, profissional, organizacional etc.). No entanto, faltava algo que não conseguia detectar e que eu sabia ser o mais importante para acompanhar uma pessoa no processo de descoberta de seus movimentos, especialmente os mais sutis e imperceptíveis no nível consciente, que são os que fazem acontecer o que acontece, que fazem a experiência, seja ela possibilitadora ou limitante, que fazem com que esta pessoa consiga o que consegue, perceba suas estratégias e descubra aquilo que ela "não sabe que sabe" e que faz a sua vida ser como ela é.

Desde que me graduei em Psicologia venho procurando o aprimoramento nessa área e tenho me deparado com várias linhas de pensamento e atuação dedicadas ao conhecimento humano e suas possibilidades infindas de evolução. O que percebo é que todas elas, em algum ponto, se fundem ou confundem, pois, como veremos neste artigo, não há como se falar em Consciência do Ser sem se referir a Pensamento Sistêmico; e se o Pensamento é Sistêmico, não há como não entrelaçar tudo o que se pensa. Um exemplo disso é a correlação entre Psicologia e Coaching, tema do presente livro:

• **Psicologia** é o estudo dos fenômenos psíquicos e do comportamento do ser humano por intermédio da análise de suas emoções, suas ideias e seus valores.

Quando aplicada, seu foco é no autoconhecimento e no equilíbrio mental, emocional e físico para que a pessoa encontre subsídios para resolução de problemas e para uma melhor qualidade de vida.

• **Coaching** é um processo focado no desenvolvimento de competências comportamentais, psicológicas e emocionais que viabilizem a conquista de resultados planejados, seja no âmbito profissional ou pessoal.

Sabe-se que não cabe nem ao psicólogo nem ao Coach prover os resultados desejados a seu cliente, mas esses dois processos se entrelaçam quando o que lhes compete, cada um à sua maneira, é dar suporte através das ferramentas oferecidas pelo aprofundamento em sua especialidade, para que a pessoa consiga gerar, acessar e disponibilizar seu potencial de possibilidades para alcançar sua plenitude.

Racionalmente parece que sabemos quais são as capacidades e comportamentos mais adequados para que a vida seja maravilhosa. Por que, então, em determinadas situações não conseguimos acessar nossos recursos para agirmos como desejamos? Por que muitas vezes consideramos não tê-los, colocando-nos numa postura de reatividade e limitação?

Escolher o que SER na vida nem sempre é um processo muito fácil. Feita a escolha, concretizá-la pode também ser um caminho desafiante. Mesmo que desde muito cedo alguém perceba suas tendências, aquilo que muitos definem como "um chamado", na maioria das vezes não é percebido de forma consciente. São as experiências vividas e os aprendizados através delas que despertam a vontade ou a necessidade de buscar um caminho.

Na infância, através da convivência com aqueles que nos trouxeram à vida e/ou aqueles que, de algum modo, nos apresentam ao mundo, observamos seus comportamentos e atitudes e aprendemos com eles o que é certo ou errado, bom ou ruim, assimilamos valores, ainda sem julgamento consciente. Já ao nascerem, muitos bebês ouvem: "Você vai ser igual ao papai (ou igual à mamãe)", "Ah! Mais um médico na família!", "Já comprei um uniforme do time para irmos juntos ao estádio de futebol, viu?" ou ainda "Você terá tudo que eu não tive!", "Você será o que eu não consegui ser" e muitas afirmações do gênero que contêm implicitamente a mensagem: "Você vai ter que ser alguém na vida!" E assim vamos nos programando para nos adaptarmos às experiências que a vida nos oferece, curiosos e atentos às novidades e oportunidades que nos levarão a descobrir e aprender mais sobre o que acontece ao nosso redor.

É na adolescência em que questões sobre assumir uma PERSONALIDADE ou IDENTIDADE surgem como uma necessidade. E mesmo antes de descobrirmos quem somos verdadeiramente, temos que optar por uma profissão e nos vemos diante de algumas possibilidades ou, para muitos de nós, diante de alguns conflitos: "O que eu quero fazer?", "O que eu quero ser?" ("o que" em vez de "quem" eu quero ser), "Posso escolher o que gostaria ou tenho que escolher o que esperam de mim?", "Devo escolher uma profissão que me dê status e dinheiro ou que me dê prazer e realização?" Em minha opinião, toda a chamada "rebeldia" percebida nos jovens nada mais é do que o grito inconsciente da sabedoria intrínseca ao ser humano de que não há que se buscar ser, há que se expressar o ser já existente sufocado pelo aprendizado e adaptação dos "sábios" e experientes adultos que se renderam à noção de que ter status, poder e aceitação significa ser. Isso é reatividade que faz com que eu "deixe a vida me levar... vida leva eu..." e gera limitações que impedem que a força vital se manifeste, que a criatividade flua, fazendo com que os recursos sejam desviados para ações de um EU idealizado que é apenas parte da totalidade que se é.

Certa vez ouvi a seguinte pergunta: "De que lado da vida você quer estar: do lado causa ou do lado efeito"? E eu repasso agora a questão: você se percebe proativo, buscando, fazendo acontecer, sugerindo, incentivando, mudando, provendo mudanças para um mundo ao qual você e seus descendentes queiram pertencer ou reage ao que acontece e por consequência responsabiliza seus pais, seus filhos, seu chefe, o governo, o mundo pelos seus insucessos? E por seus sucessos, quem é o responsável?

Vale aqui uma citação de Carl Gustav Jung, em Psicologia do Inconsciente:

"A Psicologia do indivíduo corresponde à Psicologia das nações. As nações fazem exatamente o que cada um faz individualmente; e do modo como o indivíduo age a nação também agirá. Somente com a transformação da atitude do indivíduo é que começará a transformar-se a Psicologia da nação."

O Pensamento Sistêmico

Pensamento Sistêmico significa pensar tendo a consciência do que existe ao redor, avaliando os acontecimentos e suas possíveis implicações no todo; é pensar ecologicamente, tornando-se capaz de agir e de criar soluções cabíveis, considerando cada momento como único, fazendo jus às expectativas de todas as partes envolvidas no contexto.

O pensamento linear envolve apenas a racionalidade científica de "x causa y" sempre ou quase sempre. O conceito de causa e efeito dentro da dinâmica do Pensamento Sistêmico não exclui a racionalidade, porém, amplia as possibilidades de x e y interagirem e causarem outros efeitos. O pensamento linear percebe o indivíduo como sendo o todo; o Pensamento Sistêmico percebe o indivíduo como parte do todo, exercendo uma influência no TODO e sendo influenciado pelas outras partes que fazem o TODO.

Assim, quando queremos nos compreender e compreender os outros, essa consciência de SER além de si mesmo nos remete aos pressupostos do Pensamento Sistêmico:

• **Pressuposto da complexidade:** não se pode separar a parte do todo uma vez que nenhuma parte tem sentido fora da interrelação com o sistema. Todo e qualquer pensamento envolve a pessoa e sua interação com algo ou alguém. Qualquer distúrbio físico, por exemplo, é tratado considerando a parte doente e sua causa e manifestações no corpo todo; uma questão emocional é analisada por um profissional dentro dos contextos onde ela acontece e que pessoas estão envolvidas neles; o descuido com as questões ecológicas estão causando danos talvez irreversíveis para o planeta.

• **Pressuposto da instabilidade:** as mudanças atuais no mundo em todos os níveis são óbvias; mudam os pensamentos, mudam as leis, as leis da natureza já não se confirmam, formas de cura surgem a cada dia; o que se confirma são a imprevisibilidade e as poucas possibilidades de exercer um controle sobre isso; a sincronicidade de todas essas mudanças está mais presente e é alvo de atenção de quem desperta para a consciência e talvez seja essa consciência que possibilitará um reequilíbrio do sistema.

• **Pressuposto da intersubjetividade:** é o reconhecimento de que não existe uma realidade independente de um observador e, portanto, cada um cria uma realidade dentro da realidade; assim, deve-se trabalhar com múltiplas versões da realidade, em diferentes domínios de compreensão e explicações. Cada pessoa percebe o mundo de acordo com seu aprendizado, suas experiências, sua condição social, cultural e emocional em cada momento específico de sua vida e as pessoas com as quais interage assim também o são.

Existem muitas controvérsias com relação a essa mudança de paradigma. Muitos da comunidade científica ainda não conseguem abdicar da segurança que o pensamento lógico oferece, uma vez que é previsível e controlável. Assim também, muitos de nós preferimos continuar vivendo como se o destino e o sucesso dependesse de regras preestabelecidas e que invariavelmente "x vai causar y".

Pensar sistemicamente implica em assumir a responsabilidade, ser a causa de seus erros e de seus sucessos, estar do lado que faz acontecer. Isso significa primeiro sentir-se parte do todo e comportar-se como se o todo fosse seu, pois você já deve ter ouvido que o todo só existe porque existem partes que o compõem e consideremos que tudo é parte e tudo é todo. Você é o todo quando pensa nas células que formam o seu corpo, mas você é parte quando está entre seus amigos ou no seu trabalho, por exemplo. Do mesmo modo, um grupo é parte da comunidade, que é todo e parte da cidade, que é todo e é parte do país, que é todo e parte do planeta, que por sua vez é todo e parte do universo.

A consciência de quem somos verdadeiramente nos leva, invariavelmente, ao Pensamento Sistêmico, uma vez que ao fazermos por nós estamos fazendo pelo sistema que estará respondendo positivamente.

Os profissionais que escolheram como área de atuação contribuir para que o ser humano evolua, sejam psicólogos, Coaches, treinadores etc., provavelmente, ainda que de modo inconsciente, compartilham dessa maneira de pensar. E os que os procuram, certamente querem ser acolhidos como seres únicos, diferenciados e que fazem a diferença.

A cada um cabe despertar para a consciência e ser exemplo para ampliar as condições do despertar da consciência dos demais que são partes de nós mesmos. Isso é Pensamento Sistêmico.

14

COACHING
&
PSICOLOGIA

A Psicologia dos hábitos, vícios e o processo de Coaching

Tânia Regina Pereira de Souza Sanches

Tânia Regina Pereira de Souza Sanches

Psicóloga formada pela PUC - São Paulo, com pós-graduação em Recursos Humanos e Certificação em Coaching pela Sociedade Latino Americana de Coaching, licenciada pelo Instituto Internacional de Coaching (InCoaching) e International Association of Coaching-Institute (ICI).

Experiência de 20 anos em desenvolvimento e participação em projetos de treinamentos comportamentais, programas de desenvolvimento individual e consultoria de recursos humanos.

Possui artigos publicados em revistas como Sem Medida, Revista Máxima, Isto É e atuou junto a empresas como VEGA Eng. Ambiental, SABESP, Tgestiona, JBS, entre outras.

Contato:
(11) 9 9468-4160
sanches.resource@gmail.com
sanchesresource.wix.com/taniasanches

O QUE SÃO HÁBITOS?

Na psicologia moderna, hábitos são todos e quaisquer comportamentos que realizamos de maneira "automática", ou seja, repetimo-los com tanta frequência no nosso dia a dia, que eles ficam totalmente internalizados em nosso corpo e mente, tornando-se parte de nós, assim como o ar que respiramos. Aliás, respirar não requer nenhum raciocínio. Assim também são os hábitos – aprendemos comportamentos que, não sendo repreendidos ou corrigidos, se tornam parte de nosso jeito de ser, não requerendo assim nenhum raciocínio para ativá-los; o corpo e a mente se acostumam com o fato de que o indivíduo vai realizar aquele comportamento, o veem como algo que ocorre normalmente e portanto faz parte do indivíduo, assim como respirar, piscar, bocejar, andar, etc.

A responsabilidade desse processo de transformar certos comportamentos, pensamentos e atitudes em hábitos fica por conta do cérebro, que converte ações e comportamentos numa rotina automática, que se realiza sem pensar. É uma forma de o cérebro poupar esforço, visto que ter hábitos permite que nossa mente desacelere e o nosso "piloto automático" seja acionado, enquanto direcionamos nossa energia mental para outros processos mais inovadores no dia a dia, bem como para novos desafios, aquisições de outros comportamentos, ampliação de conhecimentos e aprendizado.

Costumo dizer que, ao nascer, somos como uma tábua rasa, pronta para ser moldada pelo ambiente familiar e social, onde o tempero serão as crenças, os valores, a cultura que iremos aprender. Conforme os anos vão passando, cada pessoa vai sendo moldada continuamente na sua natureza, na sua maneira de pensar e agir; vai recebendo a influência do ambiente no qual participa como pessoa, amigo, filho, aluno, estudante, colega, profissional e vai construindo sua identidade, estilo de vida, modo de pensar, crenças, valores, modo de agir, modo de se comportar, reagir. O desenvolvimento de todo esse processo e amadurecimento permite que se adquira um papel na sociedade, papel este que necessita de dedicação e empenho para ser cumprido a contento. Valores, ideias, sentimentos, crenças, pensamentos que formaram o indivíduo, que foram sendo adquiridos ao longo da caminhada que ele percorreu do nascimento até a fase adulta, que foram moldando a tábua inicialmente rasa e definiram as experiências significativamente vividas, agora se tornaram ações e pensamentos automatizados, em que o cérebro, em muitos momentos, não precisa mais "queimar os neurônios" para entendê-los e cumpri-los, pois eles já fazem parte da pessoa.

Quando crianças, recebemos uma enorme quantidade de informações que foram modelando e remodelando nosso jeito de ser, nossas ações, atitudes; fomos aprendendo o que era necessário fazer, como era necessário se comportar, falar, agir. Já na fase adulta, o cérebro se tornou eficiente para parar de pensar constantemente em comportamentos básicos e dedicar sua energia mental para novas oportunidades de conhecimentos e também aquisição de novos hábitos. A nossa atividade cerebral é intensa e é o que nos permite viver diariamente novas experiências. Portanto, ter certos hábitos em nossa vida é importante para economizar energia como abrir e fechar os olhos, piscar, escovar os dentes, tomar banho, trocar de roupas, comer quando sentimos fome, dar marcha ré no carro quando necessário. Esses atos se tornam tão automáticos e assumem o comando de sua aplicação, que não necessitam mais que o cérebro gaste sua energia com isso. Vale lembrar que temos hábitos que estão enraizados muito profundamente em nós, como os citados acima, que é praticamente impossível pensar em nossa vivência do dia a dia sem eles. Porém, há outros hábitos que adquirimos e que são um pouco mais superficiais, os quais podemos trabalhar para modificar com certo esforço e dedicação, para melhorar nosso bem-estar.

Mudar hábitos é mudar comportamentos, atitudes, ações e necessita de análise do quão prejudicial eles são e do quão prazerosa é a inclusão de um novo hábito. A partir desta investigação pode-se decidir se vale a pena ou não a mudança do hábito e o quanto o indivíduo será beneficiado com isso. Quando temos um padrão de comportamento profundamente arraigado dentro de nós, devemos primeiro tornarmos conscientes dele, avaliar perdas e ganhos para, então, alterar a sua condição dentro de nossas vidas. Quando não estamos sendo beneficiados com um hábito, se faz necessário o desapego, bem como a abertura para um novo aprendizado, para a MUDANÇA de padrão comportamental. Contudo, mudar não é fácil, pois depois de tudo devidamente encaixado e padronizado em nosso sistema cerebral, desencaixar as peças, jogar algumas fora e mudar peças de lugar dá trabalho. É neste ponto que surgem as resistências que vão tentar impedir a mudança. Em nossas vidas, arranjamos várias resistências que nos impedem de alcançar a consciência do padrão comportamental existente. Crescemos com crenças que se transformam em resistências às mudanças; possuímos ideias acerca de nós mesmos que usamos como limitações para mudar; criamos desculpas como "não sei, não tenho tempo para pensar nisto, vejo isto depois, pensarei a respeito outra hora" por medo da mudança. Utilizamos aqueles que nos são mais próximos como resistências, achando que eles é que precisam mudar para que nós sejamos mais felizes. Todas essas resistências fazem parte da nossa psicologia de ser, que é justamente reagir a toda inovação que requeira algum esforço.

Quando nos permitimos conscientizar de que certos hábitos são prejudiciais, que não nos favorecem em coisa alguma, estamos dando o primeiro passo para a transformação. Então será necessário experimentar algo novo, um novo padrão de comportamento, uma nova atitude, ação, tentar uma nova posição para comprovar sua eficácia, suas vantagens e benefícios. Temos em nós uma capacidade inata de processamento de milhões de dados, de memorização, reflexão, aprendizado, planejamento, evolução, atualização e ampliação de nosso leque de comportamentos. Nosso cérebro nos permite isso, ele tem a capacidade de receber o estímulo, ver qual é o melhor comportamento a ser utilizado como resposta, analisar se há ganhos positivos, criar uma nova rotina que pode ser física, mental ou emocional, analisar novamente a recompensa disso e, por fim, memorizar este novo processo para o futuro. O estímulo inicial, comportamento e recompensa positiva tornam-se cada vez mais automáticos e um novo hábito poderá surgir daí.

Os hábitos não são imutáveis, eles podem ser alterados ou substituídos, bastando iniciar o processo de conscientização, desejo de mudança e esforço para isso. O nosso cérebro não sabe a diferença entre o hábito bom e o ruim, mas a nossa consciência sabe a partir do momento que sente o benefício físico, mental, emocional e/ou financeiro, o prazer de uma nova conquista. A forma como podemos nos programar, reescrever novas informações e apagar outras, redesenhar nossa maneira de lidar com as situações, como projetamos nosso futuro e simulamos ações, atitudes e resultados, permite-nos perceber como temos a capacidade extraordinária da mudança viva dentro de nós. Somos dotados da flexibilidade, da mutação de comportamentos e da necessidade de praticar o exercício do desapego e da tomada de consciência.

Mudar hábitos, principalmente os nocivos ao nosso bem-estar pessoal, profissional, emocional e/ou financeiro não é fácil e com certeza vão ter momentos de resistência, em que teremos a sensação de que os hábitos possuem vida própria e somos escravos deles. Angústia e momentos de fracasso poderão tomar conta de nossa pessoa, pois mudar também exige uma capacidade de liderar a própria mente. Mas quando desejamos de fato realizar este processo de mudança, podemos ter o Coaching como um poderoso aliado neste movimento, pois é um processo que lhe permite tomar consciência do seu estado atual, dos ganhos e das perdas de ser quem você é neste momento, bem como ajudar a ajustar a linguagem, conquistar metas, objetivos programados e inserir uma nova maneira de olhar para si mesmo. Há hábitos que nos tornam escravos de fato, porém com o tempo e com o desejo de novas conquistas, realização de novos objetivos, eles podem não servir mais aos nossos propósitos e então é tempo de mudar!

Vícios, hábitos destrutivos!

Os vícios nada mais são que hábitos repetitivos prejudiciais, mutiladores, degenerativos e que causam prejuízos, muitas vezes sérios, a quem tem o vício e aos que convivem com ele. O vício cria uma dependência que pode ser de ordem orgânica ou psicossocial. Dentro da psicologia moderna, é visto como uma relação de estímulo e prazer, mesmo que momentâneo, que supera totalmente as consequências prejudiciais que estão por trás dele. É visto por duas linhas de análise: como algo inato, quando há uma predisposição genética ou hereditária por trás ou como algo adquirido uma vez que se desenvolve a partir de um comportamento repetitivo, criando raízes profundas e dependência física de algo que lhe dá prazer.

A maior parte dos vícios está conectada ao aspecto fisiológico, seja inato ou adquirido, a uma deficiência orgânica, a um "arroto cerebral" que desenvolveu uma lacuna que precisa ser preenchida de alguma forma, em que há dependência de alguma substância como drogas, cigarro, bebida alcoólica ou a dependência de algum comportamento como jogo em excesso, comida, vigorexia (viciado em exercícios) ou ninfomania (viciado em sexo). Os viciados, de uma maneira geral, vivem a desrespeitar as condições básicas do bom viver, deixando de lado o saudável ato de criar, de aprender, de inovar, para repetir padrões sem nenhuma inventividade que lhe proporcionam prazer momentâneo, mas também transtornos emocionais, sociais e de relacionamentos.

Outra análise do vício é que ele pode desenvolver-se ainda como uma "válvula de escape" para a inadaptação à vida social, ou seja, o indivíduo não consegue se adaptar às exigências do meio social em que vive, não encaixa seu papel na sociedade e como forma de fugir deste deslocamento, vê no vício uma forma de sentir-se aceito internamente, adaptado, com prazer, mesmo que a sensação seja momentânea. Passado o momento prazeroso e a volta da realidade, há a busca novamente do prazer, proporcionando então o comportamento automático de busca de prazer – fuga da realidade tornando este processo fisiológico. A abstinência do prazer torna-se algo doloroso e quebrar esse hábito tão prejudicial despende muito mais energia e esforço que o esperado. Na mente da pessoa, então, é preferível continuar com o vício e ter prazer, ao invés de abrir mão dele e ter a dor.

Para eliminar os vícios do comportamento do indivíduo, o tratamento pode variar desde o uso de farmacologia até a Psicoterapia para trabalhar ansiedade, insegurança, estresse e aceitação social. O Coaching, neste caso, será um aliado no momento em que o indivíduo permitir-se trabalhar suas perspectivas e planejamento para sair de um estado atual de inércia e dependência e partir para um estado de autocontrole e liderança de si mesmo.

Psicologia e Coaching – Processos de Melhoria Contínua

Acredito que a Psicologia e o Coaching podem andar juntos, pois ambos buscam ajudar o indivíduo a mudar de maneira positiva, a criar o bem-estar e utilizar melhor seus recursos internos, permitindo explorar mais de si mesmo, quebrar pensamentos e comportamentos que não o beneficiam.

A Psicologia estuda os comportamentos, procurando entender sua base olhando para a história do indivíduo, buscando na sua modelagem como pessoa onde ocorreram os "gaps" que desenvolveram hábitos prejudiciais e/ou não tão favoráveis. Ela busca entender os processos mentais e como eles trabalharam as informações recebidas até aquele momento para o indivíduo ser do jeito que é. Leva-se em conta a análise das emoções, ideias e valores, a observação de atitudes, sentimentos, mecanismos mentais, procurando ajudar a pessoa, identificar as causas dos seus problemas e a rever comportamentos inadequados.

O Coaching, por sua vez, é um processo que ajuda a pessoa a mudar a maneira como ela está neste momento e a caminhar na direção em que ela quer ir. Também envolve mudança de comportamento, apoiando pessoas a tornarem-se quem elas querem ser, liberando o potencial de mudança através de perguntas poderosas, planejamentos de metas e tarefas. Com o Coaching, o indivíduo pode aprender a mudar através de atitudes conscientes, senso de responsabilidade, atingindo seus objetivos com planejamento, vivendo seus valores e alcançando o máximo do seu potencial, através de uma avaliação constante e consciente do que está fazendo para atingir metas, sonhos, valores e intenções. O Coaching ajuda a definir objetivos mais claramente, de forma a torná-los desafiadores e estimulantes e fazer com que a pessoa seja consciente do que está fazendo neste momento com sua vida, para promover novas opções e conduzir às mudanças de comportamento, pensamento e ação.

A Psicologia vai conduzindo do passado para o presente, vai trabalhando a percepção do que aconteceu lá atrás para que o indivíduo tenha um momento presente mais saudável. Hábitos e vícios são abordados a partir de uma análise de como foram realizados os processos mentais sobre as informações recebidas através da interação com o meio. O Coaching conduz do momento presente para um futuro mais promissor. Ele pega o momento atual do indivíduo como um todo e vai auxiliando em um processo de mudança de comportamento, pensamento, hábitos, vícios e ações. É o momento de traçar objetivos que podem ser pessoais, profissionais, emocionais e/ou financeiros para se obter algo mais da vida e viver em melhor harmonia consigo e com seus valores.

E como auxiliar seu cliente a modelar seu comportamento, quebrar os hábitos não tão favoráveis e criar uma nova perspectiva futura? Sendo seu apoio para uma análise da situação presente x situação desejada, gerando uma tensão no cérebro que buscará uma solução e possibilitará uma evolução de pensamento. O Coaching não ensina, apoia o aprendizado e este tem de ser:

• Positivo, permitindo que o indivíduo defina o que quer, sempre olhando por uma perspectiva do que deseja e não do que lhe falta;

• Específico, com uma base clara de quando e de que forma quer chegar onde deseja;

• Relevante, que seja importante, transformador, promissor e que realmente faça a diferença na vida da pessoa;

• Verificável, mensurável, para saber exatamente se atingiu o objetivo ou em que ponto do processo está, para programar o próximo passo para chegar lá;

• Ecológico, não prejudicando pessoas com quem convive, não convive ou mesmo a própria pessoa que está desenvolvendo o processo;

• Mobilizador interno, que faça realmente o indivíduo evoluir, querer quebrar barreiras, mudar as peças de lugar, abrir mão de comportamentos, atitudes, ações que não favorecem em nada uma nova conquista para sua vida.

Com o Coaching há o desenvolvimento de pensamentos mais positivos e projeções futuras; novos aprendizados são gerados e novos hábitos são aprendidos para se construir uma vida mais próspera e bem-sucedida.

REFERÊNCIAS BIBLIOGRÁFICAS
DETHLEFSEN, Thorwald; DAHIKE, Rudger. A doença como caminho. Ed. Cultrix.
DERHIGG, Charles. O poder do hábito. Ed. Objetiva.
PECOTCHE, Carlos B. Gonzalez. Logosofia: Ciência e Método. Ed. Logosófica.
COYLE, Daniel. O código do talento – Mielinização e Talento.
STAUDE, John-Raphael. O desenvolvimento adulto de C. G. Jung. Ed. Cultrix.
BOCK, Ana Maria Mercês; FURTADO, Odair; TEIXEIRA, Maria de Lourdes Trossi. Ed. Saraiva.
SHERVINGTON, Martin. Coaching Integral. Ed. Qualitymark.

15

COACHING & PSICOLOGIA

A Geração Y e o mercado de trabalho: contribuições do Coaching e da Psicologia Organizacional e do Trabalho

Terêza Torres

Terêza Torres

Graduada em Psicologia (UNICAP) e Especialista em Psicologia Organizacional e do Trabalho e em Gestão do Desenvolvimento Humano e Organizacional.

Professional & Self Coach (Certificada internacionalmente pelo IBC). Consultora na ETHOS Consultoria em RH.

Possui mais de 10 anos de experiência nas áreas de T&D, Clima Organizacional, Avaliação de Desempenho, R&S e Dinâmica de Grupo em empresas de médio e grande porte, nacionais e multinacionais.

Docente em turmas de pós-graduação nos cursos de Gestão de Pessoas e Psicologia Organizacional e do Trabalho.

Contato:
(81) 8888-2797
mtereza.torres@gmail.com
www.ethosconsultoriarh.com.br

O atual mercado de trabalho caracteriza-se por mudanças constantes e desafios que demandam por profissionais competentes nas esferas técnica e comportamental. O diferencial de uma organização já não mantém uma relação apenas com os seus equipamentos, processos e estrutura. Para se destacar no mercado, é imprescindível que a organização valorize o conhecimento gerado pelas pessoas e estimule o constante aprimoramento. Neste ponto, é importante ressaltar que a manutenção de um quadro funcional com competências técnicas e comportamentais bem consolidadas é de fundamental importância para a competitividade organizacional.

Considera-se que a qualidade do desenvolvimento técnico e comportamental do indivíduo em relação à sua carreira profissional perpassa, entre outros aspectos, pela identificação de tal indivíduo com a escolha da sua profissão. O seu interesse por investir e dedicar-se ao seu desenvolvimento mantém uma relação estreita com a sua satisfação pessoal em relação à sua escolha profissional.

Frente a tal cenário, questionam-se quais são os aspectos que os jovens estão considerando quando se veem diante das questões relacionadas à escolha profissional. Tal escolha tem sido motivada pela demanda do mercado no que se diz respeito às profissões mais atrativas quando considerada a oferta de vagas e salários oferecidos? Ou os jovens preocupam-se também com os seus interesses pessoais?

O objetivo deste artigo é discutir as percepções dos jovens no que diz respeito à escolha profissional e tratar sobre as contribuições do Coaching e da Psicologia Organizacional e do Trabalho no que se refere ao apoio ao jovem diante da sua escolha e frente à necessidade de desenvolver as habilidades exigidas pelo mercado.

A última geração de profissionais no mercado, a Geração Y, quando comparada às anteriores, apresenta uma concepção diferente em relação ao trabalho, observando-o como uma fonte econômica e também como fonte objeto de satisfação e aprendizado (Vasconcelos, et al., 2010). Ainda segundo esses autores, ao tratarem sobre os estudos referentes à carreira, é possível identificar dois eixos teóricos: (1) compreensão da carreira "como uma sequência de experiências pessoais e profissionais para além das fronteiras das organizações;" e (2) "a necessidade do indivíduo de buscar novas formas para se adaptar à mudança, de ser mais maleável, proativo, responsável por sua carreira e menos dependente das fronteiras das organizações" (ibid., p.227). Acrescentam, ainda, que tais estudos devem ir além da estrutura que a organização oferece à ascensão profissional, focando nas diferentes ambições associadas à faixa etária do trabalhador, ou seja, faz-se necessário atentar para os aspectos subjetivos da carreira profissional.

Observa-se que os jovens realizam suas escolhas profissionais prezando pela satisfação pessoal na carreira, porém chegam ao mercado de trabalho sem apresentarem, de forma bem definida, o perfil profissional exigido que, segundo Gondim (2002), está baseado em três grandes grupos de habilidades: (1) cognitivas (raciocínio lógico e abstrato, resolução de problemas, criatividade, capacidade de compreensão, julgamento crítico e conhecimento geral), obtidas no processo de educação formal; (2) técnicas especializadas (informática, língua estrangeira, operação de equipamentos e processos de trabalho) e (3) as comportamentais e atitudinais (cooperação, iniciativa, empreendedorismo, motivação, responsabilidade, participação, ética, entre outras).

Percebe-se na experiência prática, durante a condução dos processos de recrutamento e seleção, que muitos jovens apresentam um bom desenvolvimento das habilidades cognitivas e técnicas especializadas e evidenciam a necessidade de desenvolvimento das habilidades comportamentais e atitudinais. Fica evidente que muitos jovens não se sentem seguros em relação à sua escolha e carreira profissional, principalmente por apresentarem muitas dúvidas e questionamentos acerca do que encontrarão no dia a dia das organizações.

Refletindo sobre a necessidade e importância de apoiar os jovens nas suas escolhas profissionais e desenvolvê-los para atuarem no mercado de trabalho, percebemos a importância do papel da Psicologia Organizacional e do Trabalho e das possibilidades da utilização do Coaching enquanto um processo que abre, entre outras, as possibilidades de desenvolvimento de habilidades.

É importante comentar que a atuação dos psicólogos organizacionais e do trabalho diante das constantes e rápidas mudanças no mercado, conforme mencionado anteriormente, vai muito além do processo de recrutamento e seleção de pessoal. Corroborando com essa ideia, Bastos & Galvão-Martins (1990) comentam que muitas modificações ocorreram ao longo do tempo e a atuação deste profissional tem como foco a compreensão dos problemas humanos e sociais dentro das organizações, tais como, conflitos intergrupais, motivação, competição, liderança, absenteísmo, entre outros e a preparação da mão de obra para ocupar, quando possível e necessário, o quadro funcional da organização.

Diante do exposto, pode-se comentar que os profissionais da Psicologia Organizacional e do Trabalho têm muito a contribuir com o jovem que se encontra no momento da sua escolha profissional ou aquele recém-chegado ao mercado de trabalho, visto que tais profissionais conhecem na prática o que está sendo exigido no que diz respeito não só às habilidades técnicas, mas principalmente às competências comportamentais. Entende-se que estas últimas têm feito uma significativa diferença na manutenção, desenvolvimento e crescimento dos profissionais no mercado de trabalho e que a permanência das organizações no mercado, de forma competitiva, mantém uma relação direta com a sua capacidade de identificar e desenvolver seus profissionais, em especial aqueles talentosos.

Considera-se que o Coaching surge como um processo bastante válido para o psicólogo organizacional na sua atuação junto aos jovens. Através das ferramentas de Coaching, o psicólogo atuará como facilitador no processo de descoberta pessoal e profissional do jovem. Por meio do Coaching, ele (o jovem) terá a possibilidade de identificar sua missão e visão pessoal, seus valores e crenças, bem como perceber a importância de tais aspectos para a sua vida e a interferência nas suas escolhas. O Coaching possibilita o autoconhecimento, a descoberta dos verdadeiros interesses e talentos e, além disso, oferece a possibilidade de desenvolver as habilidades comportamentais exigidas pelo mercado.

A expertise do psicólogo organizacional atrelada ao Coaching surge como "uma poderosa ferramenta" a ser utilizada no processo de autodescoberta e de alinhamento entre os interesses pessoais e profissionais do jovem. Este alinhamento contribuirá para a formação de profissionais mais engajados e satisfeitos com as suas profissões e que, certamente, buscarão contribuir de forma mais efetiva com a organização.

✦ ✦ ✦ ✦ ✦

REFERÊNCIAS BIBLIOGRÁFICAS
BASTOS, Antônio V. Bittencourt; GALVÃO-MARTINS, Ana Helena. O que pode fazer o psicólogo organizacional. Psicologia: Ciência e Profissão, v. 10, n°1, Brasília, 1990. Disponível em: http://www.scielo.br/scielo.php?pid=S1414-98931990000100005&script=sci_arttext. Acesso em 08/07/2013.
GONDIM, Sônia Maria Guedes. Perfil Profissional e mercado de trabalho: relação com a formação acadêmica pela perspectivas de estudantes universitários. Estudos de Psicologia, v. 7 (2), 299-309, UFBA, 2002. Disponível em: http://www.scielo.br/pdf/epsic/v7n2/a11v07n2.pdf. Acesso em 08/07/2013.
VASCONCELOS, Kátia C. de Araújo; et al. A Geração Y e suas âncoras de carreira. Revista Eletrônica de Gestão Organizacional, v. 8 (2): 226-244, PROPAD/ UFPE, Mai/Ago 2010. Disponível em: http://www.revista.ufpe.br/gestaoorg/index.php/gestao/article/viewFile/197/178. Acesso em 08/07/2013.

16

COACHING & PSICOLOGIA

A relação interpessoal como facilitadora no processo evolutivo humano

Vânia Barros de Melo

Vânia Barros de Melo

Life Coach, consultora em venda direta e analista PI (Assesment).
• Formação em PNL pela Actius Consultoria Liderança e desenvolvimento Ltda.
• Professional & Self Coaching pelo IBC - Instituto Brasileiro de Coaching.
• Life Coaching pelo INEXH – Instituto de Excelencia Humana.
• Analista Coaching Assessment.
• Leader Training.
• Graduanda em Psicologia pela UNIP – Universidade Paulista.
• Gestão de Pessoas para Alta Performance.
• Treinadora de equipes de vendas diretas.
• Conhecimento em técnicas de PNL e Coaching.
• Palestras motivacionais para equipes de vendas.
• Formação e treinamento de equipes de vendas.

Contato:
(19) 9 8731-1551 / 9 9294-4388 / 9 9905-8016
vaniabmelo@yahoo.com.br

Esse capítulo tem como objetivo refletir sobre como o campo relacional que se forma entre Coach e coachee e entre terapeuta e cliente pode auxiliar na autoconsciência e no autoconhecimento, tão necessários para o desenvolvimento e evolução ao longo da vida, e pontuar aspectos fortes e fracos e hábitos que necessitam ser modificados, separando o que é real e o que é sombra do passado ou do futuro. Essa interação que acontece no campo relacional pode auxiliar o cliente a refletir e trazer de dentro de si as melhores respostas para sua vida.

O Coach, através de perguntas, leva o cliente a refletir sobre sua vida, seus hábitos, seu desempenho, e as formas através das quais poderá desenvolver novas crenças que irão gerar novos hábitos, alavancando seus resultados e sua performance. As mudanças no coachee irão consequentemente refletindo mudanças em sua vida pessoal, profissional e em suas reações às diversas situações que a vida possa apresentar. É um processo dinâmico no qual o cliente pode analisar a sua vida e os resultados que vem tendo e a partir daí ajustar suas ações e hábitos para conseguir melhores resultados.

"Tenho há muito tempo a profunda convicção de que a relação terapêutica é apenas uma forma de relação interpessoal em geral, e que as mesmas leis regem todas as relações desse tipo." (Carl Rogers, 1961, pg. 43). O processo de Coaching não é a mesma coisa de um processo psicoterapêutico, porém, a relação interpessoal acontece em ambos os processos e é dessa relação que surgem alguns aspectos e papéis essenciais para auxiliar na autoconsciência e evolução pessoal, como por exemplo, os papéis de guia, treinador, professor, mentor e apoiador, entre outros papéis presentes nas relações interpessoais.

Segundo Rogers (1961), para se desenvolver uma relação de ajuda é necessário desenvolver um modo de ser que inspire confiança, tendo uma comunicação coerente com o que sente e isso exige uma atitude positiva e de respeito para com o outro, ao mesmo tempo em que se faz necessário uma atitude de respeito a si mesmo, à sua própria maneira de ser e seus sentimentos e é esse reconhecimento e respeito dos próprios sentimentos que vai levar a um respeito ao outro e a tudo que ele traz. Quanto mais seguro se está em seu próprio interior, mais se pode permitir ao outro ser ele mesmo, com suas angústias e sentimentos, sem que isso represente uma ameaça.

É essencial poder entrar no universo do outro e apreciá-lo sem julgá-lo, com uma empatia tão profunda que permita ver o outro tal e qual ele é, mesmo no que ele não consiga expressar. Movimentar-se no mundo do outro com tão profundo respeito e empatia, até que se possa enxergá-lo em sua mais profunda e desnuda natureza e apreciá-lo pelo que ele é, aceitando todos os aspectos de seu modo de ser e assim ser para o outro um apoiador com delicadeza suficiente para que o outro não se sinta ameaçado pelo meu comportamento ou meu modo de ser.

Essa atitude de aceitação incondicional pelo outro irá também auxiliá-lo a obter mais equilíbrio em outros relacionamentos, permitindo-lhe ser mais autêntico, não preocupando-se em como será julgado, mas abrindo-se para a sua própria essência e tornando-se a cada dia a pessoa que deseje ser. Para o Coach, assim como para o terapeuta, enxergar e estar atento a esse processo de transformação constitui um dos grandes pontos de ajuda ao outro; enxergar o outro como um ser em processo de transformação, assistindo e aceitando-o com todas as suas potencialidades e reconhecendo nele a pessoa que pode tornar-se constitui um grande presente não apenas para o outro, mas também para si mesmo.

Estar diante de alguém que ouve e aceita seus sentimentos vai possibilitando que a própria pessoa também se perceba e reconheça seus próprios sentimentos, suas necessidades, suas reações e possa assim, ouvindo a si mesmo, também aceitar-se e entender melhor o que precisa alterar ou manter, sendo mais consciente do que ajuda ou atrapalha em seu desenvolvimento, clarificando o que realmente viveu e o que tem a ver com sentimentos subjacentes a situações negativas vividas anteriormente. Esse pode ser o ponto de partida para que o cliente se encaminhe para a autonomia que, segundo Rogers (1961), é um dos movimentos que acontecem na busca de si mesmo e essa autonomia vai permitir que o cliente torne-se responsável por si mesmo, o que é fundamental para buscar e atingir seus objetivos. À medida em que descobre a liberdade e a beleza de ser ele mesmo, vem atrelada a essa descoberta a responsabilidade por ser quem é ou quem quer se tornar. Esse movimento é muito potencializador num processo de Coaching, pois vai direcionar o cliente no alinhamento de suas ações e comportamentos com o que deseja ser e fazer.

"Repetidas vezes vi alguns dos meus pacientes, pessoas simples, adquirirem uma importância e uma criatividade na sua esfera própria, à medida que ganhavam maior confiança em si mesmos ao longo do processo e ousavam ter os seus próprios sentimentos, viver com valores que descobriram dentro de si e exprimi--los na sua forma pessoal e única." (Rogers, 1961, pg.154).

Uma qualidade fundamental a ser desenvolvida em qualquer relação de ajuda é ser uma pessoa facilitadora, que permita ao outro aparecer em sua essência e trazendo para a relação seus aspectos positivos e negativos e, no entanto, sendo incondicionalmente aceito. Para isso, é necessário despir-se de qualquer desejo de poder, sendo apenas o facilitador de um processo e isto requer humildade e autoconhecimento por parte do facilitador, requer acima de tudo uma grande capacidade de ouvir o outro, em sua essência, sem julgamentos e ouvir além do que está sendo dito pelas palavras. A empatia é essencial nesse processo e vai possibilitar que, cada vez mais, cresça a autoconfiança e o autoconhecimento, permitindo que a pessoa se mantenha conectada a si mesma.

"A trágica condição da humanidade deve-se ao fato de que ela perdeu a confiança em suas próprias direções internas não-conscientes." (Rogers, 1977, pg. 235). Vários estudos mostram a necessidade de aceitar-se e manter-se em contato com nosso eu mais profundo e nossa essência. Num campo relacional, seja num processo de Coaching, seja num processo terapêutico, esse movimento em busca de si mesmo e sua essência devem ser encorajados e facilitados pela escuta atenta e pela presença integral tanto do cliente quanto do facilitador, para que haja realmente o encontro, como afirmava Perls (1969) "Nós" não existe, mas é composto de eu e tu; e quando há encontro, então eu me transformo e você também se transforma".

Perls (1969) afirmava que "nada existe a não ser o aqui e agora", que é a consciência em experienciar o que se está vivendo no momento. Estar presente no agora envolve perceber tudo que está acontecendo. "Agora inclui o equilíbrio de estar aqui, o experienciar, o envolvimento, o fenômeno, a consciência... tudo que realmente está acontecendo – o processo" (Perls, 1969, pg 69).

Estar presente potencializa a relação, mas é necessário muito desprendimento e atitude de entrega para se manter presente, com escuta plena e atenção focada no cliente e no que ele expressa, seja através das palavras, dos gestos ou do que não é dito. É necessário estar totalmente consciente, presente, conseguindo integrar com sabedoria o escutar e o falar, com todo o aparelho sensorial consciente do outro.

O Dr. Richard Moss, especialista em consciência, denomina o estado de presença de "estarmos real e profundamente vivos" e afirma que em grande parte do tempo estamos desconectados de nossa própria alma. Oscilamos entre passado e futuro e entre nós mesmos e os outros. Quando estamos navegando no passado trazemos culpa, remorsos e nostalgia sobre nós mesmos ou sobre o outro.

Quando estamos navegando no futuro, ficamos presos em nossos pensamentos de grandeza ou depreciação sobre nós mesmos ou sobre os outros. Estamos sempre tecendo juízos baseados em nossas crenças e isso nos afasta de nossa essência e nos afasta da riqueza e poder que vem da percepção do real que pode ser vivido em toda intensidade na consciência do momento presente, do contato com a realidade e conosco.

O filósofo alemão Martin Heidegger utiliza a palavra Gelassenheit que pode ser traduzida como serenidade para designar uma abertura ao pensamento meditativo onde se possa suspender qualquer julgamento, qualquer subjetividade, onde possamos adotar uma posição desapegada e receptiva a todas as coisas que se apresentam vendo-as apenas como são, como uma contemplação do momento presente.

Segundo Eckhart Tolle, autor do livro o poder do agora, essa atitude de esvaziar a mente se mantendo totalmente presente, sem ir e vir para o passado e futuro, é um caminho para a atenção plena e para a sabedoria, que só pode surgir quando acessamos a dimensão de não pensarmos em nós mesmos, mas nos mantermos atentos à dimensão do não pensar. Para adquirirmos esse novo hábito de nos mantermos focados no momento presente, deveremos exercitar o prestar atenção ao aqui e agora, como se cada segundo fosse o segundo após nosso nascimento onde tudo é novo para nós. Um exemplo citado pelo autor é o de quando estamos diante de um elevador, apertamos um botão e em seguida, já mentalmente, estamos no local onde queremos ir. Para exercitar o momento "agora" simplesmente concentre-se no momento, você em frente ao elevador, e tudo que está acontecendo ali, seu corpo, suas sensações físicas, o espaço físico onde você se encontra e procure dar uma atenção muito focada em cada segundo. Repetir esses exercícios, mesmo que por poucos segundos ou minutos, vai nos levar à prática do estar presente e alerta no aqui e agora; é aceitar o que aquele momento é e entrar completamente nele, é estar presente, é um estado de não pensamento.

Para o autor, algumas formas de praticar esta presença é facilitada pela percepção sensorial do que vemos, ouvimos e sentimos, sem julgamentos, apenas percebendo sem a interferência de conceitos, apenas olhando, percebendo, apenas estando presente.

A Gestalt-terapia de Perls traz essa ideia sob o conceito de Awareness que pode ser traduzido como tornar-se consciente de si e de tudo que está percebendo, é um estado de atenção plena. A Awareness concorre para uma ampliação de consciência da pessoa sobre si mesma e o que acontece em seu redor, é uma percepção do que se está experimentando naquele momento, como se coloca no espaço, o que vê e o que sente, sem necessidade de conceituar ou julgar, mas apenas atento ao que lhe ocorre no aqui e agora, no momento presente. Na relação dialógica é fundamental essa Awareness para possibilitar a noção de "eu", para que se possa perceber o outro como ele realmente é e como se percebe e para que possamos perceber toda a riqueza do outro, confirmando-o em sua existência única.

Somos todos seres em desenvolvimento, em evolução, numa caminhada que muitas vezes se torna confusa e obscurecida, seja pela correria dos tempos modernos, seja pelo medo de se envolver com pessoas "problemáticas", seja pelos inúmeros estímulos trazidos pela tecnologia ou por nossos próprios pensamentos que nos distraem e nos afastam de perceber conscientemente o que sentimos, o que percebemos e nos afasta de uma interação mais profunda conosco mesmos e com o outro. Faz-se necessário, de modo especial por parte do Coach ou terapeuta, essa tomada de consciência, essa presença, a consciência no agora e essa disposição em se debruçar sobre o outro, integralmente, validando-o no que ele tem de mais precioso: a sua essência.

◆ ◆ ◆ ◆ ◆

REFERÊNCIAS BIBLIOGRÁFICAS
ROGERS, R. C. Tornar-se pessoa. São Paulo: Editora Martins Fontes, 1984.
ROGERS, R. C. Sobre o poder pessoal. São Paulo: Editora Martins Fontes, 1989.
PERLS, F. S. Gestalt-terapia explicada. São Paulo: Summus Editorial,1976.
TOLLE, ECKHART. O poder do agora. Rio de Janeiro: Editora Sextante, 2002.
FRAZAO, Lilian Meyer. Psicol. USP, São Paulo, v. 6, n. 2, 1995. Disponível em <http://pepsic.bv-salud.org/scielo.php?script=sci_arttext&pid=S1678-51771995000200011&lng=pt&nrm=iso>. Acesso em 13 jan. 2014.